"하나님의 백성들, 우리가 교회입니다."

우리가 교회다

시즌 2

장성배 교수 외 8인 지음

우리가 교회다 - 시즌 2

초판 발행 2017년 3월 3일

지 은 이 장성배 교수 외 8명
펴 낸 이 이한용
펴 낸 곳 새로운길
출판등록 제2017-000303호

편   집 고윤환
교   정 신동현, 안시웅
디자인 최재철, 심현지
마케팅 이한용

주소 인천광역시 옹진군 영흥면 영흥남로 237, 101호
전화 010-2944-0123
팩스 0505-333-3031
이메일 dodun7@naver.com
홈페이지 newroad.modoo.at
가격 14,000 원
Isbn 979-11-960175-1-4

"하나님의 백성들, 우리가 교회입니다."

우리가 교회다

시즌 2

장성배 교수 외 8인 지음

새로운 길

프롤로그

공시족 vs 청년창업가

청년실업 문제가 사회 전반의 문제로 확대되고 있다. 청년 실업률이 늘어나면서 청년들의 소득이 줄고, 이는 청년들의 소비를 위축시켜서 경제성장률의 둔화를 가져오게 됨으로써 다시 청년 실업률을 가중시키는 악순환을 낳고 있다. 또한 대학을 졸업한 청년은 일자리를 찾지 못하고 은퇴 연령에 있는 50-60대의 부모들은 생계와 자녀 부양을 위해 다시 취업 전선에 뛰어들면서 청년 실업을 유발하는 악순환 또한 계속되고 있다.

이러한 가운데 생긴 신조어들은 더욱 우리의 마음을 아프게 한다. '3포 세대'(연애, 결혼, 출산을 포기)에서 '5포 세대'(취업과 주택까지 포기)로, '7포 세대'(인간관계와 희망마저 포기)에서 'N포 세대'(셀 수 없이 많은 것을 포기)에 이르기까지 모든 것을 포기해 가는 청년들 속에는 흙수저, 헬조선이라는 말까지 나오고 있다.

취직을 못한 청년들 대부분은 '취준생'(취업준비생) 상태에 있는데, 그 중에 절반 이상은 '공시족'(각종 공무원 시험을 준비하는 사람들)이다. 이 시대의 젊은이들은 자신의 꿈과 재능을 포기한 채 그나마 안정적인 공무원이 되고자 독서실이나 학원에 앉아 있다.

이러한 상황에서도 자신의 꿈과 기회를 찾아 창업에 도전하는 젊은이들이 있다. 많은 사람들이 불가능하다고 하고, 확률적으로도 실패의 가능성이 높지만 용기를 내어 도전하는 사람들이다. 경제 사회적 상황을 분석하고 자신만의 특성과 아이디어를 담아 사업을 시작하는 청년들의 도전은 시대의 "흐르는 강물을 거꾸로 거슬러 오르는 연어들"의 모습과도 같다.

수련목회자 vs 개척자

필자는 신학생들에게도 이러한 도전을 요구할 때가 많다. 감리교단의 '수련목회자 과정'(기존 교회의 전도사 생활을 통한 안수과정)을 준비하는 사람들이 '공시족'에 해당한다면 과감히 개척을 하는 사람들이 '청년 창업자'와 같을 것이라고 말이다. 이럴 때마다 대부분의 신학생들은 고개를 숙이고 만다. 그래도 수련목회자 과정을 준비하겠다는 암묵적 대답이다.

이 반응을 보면서 필자가 우려하는 것은 교회 신앙의 야성의 상실이다. 예수께서 대제사장 밑에서 사제 훈련을 받고 있는 모습은 상상하기도 싫기 때문이다. 당당하게 사람들의 삶의 한 가운데로 들어가서 하나님 나라를 선포하고 그들의 아픔을 치유해 주는 것이 우리가 그리는 예수님의 사역이라면, 이 시대의 신학생들은 왜 예수님의 뒤를 따르기를 두려워하는가? 왜 제도권 안에서 편안하게 안수 받고 진급 하려고만

하는가?

　젊었을 때의 고생은 사서도 한다고 말한다. 청춘의 실패는 부끄러움이 아니다. 실패도 아름다운 것이 젊음의 특권이 아닌가? 그 안에서 야성이 자라고, 신앙이 강건해지며, 결단력과 리더십이 성장한다. 그 경험과 연륜 속에서 예수님 닮은 목회자들이 나타날 수 있다면 미래의 교회는 비로소 희망을 이야기할 수 있을 것이다. 그리고 이렇게 세상 사람들과 소통할 수 있는 목회자들만이 새로운 세대를 이끌 수 있다.

　문제는 용기가 필요하다는 것이다. 남들이 가지 않는 외로운 길을 가야 한다. 실패할 확률도 높다. 그럼에도 불구하고 홀연히 일어나서 주님의 동선(動線)을 따라가고 있는 목회자들을 섬기기 위해 [우리가 교회다 시즌1]을 출간했다. 개척 현장의 목회자들의 이야기들을 한 책으로 묶어냄으로써 이들이 함께 움직일 수 있는 기회를 제공하기 위해서였다. 비록 힘든 길이라 할지라도 함께 간다면 외롭지 않을 것이다. [우리가 교회다 시즌 1]이 출간되고 참가한 목회자들의 목회에 많은 변화가 있었다. 이들이 더 넓은 지경을 향해 움직일 수 있는 기회가 주어졌다.

　이것을 보면서 [우리는 우리가 교회다 시즌 2]를 발간하기로 했다. 그리고 이 땅에 도전적인 목회자들이 있는 한 시즌을 더하면서 발간할 것이다. 우리가 바라는 것은 이러한 작은 교회 목회자들의 도전이 당연한 목회로 여겨지는 때가 속히 오는 것이다. 개척은 불가능한 것이고 미친 짓이라는 말이 사라지게 되기를 바란다. 우리의 작은 교회 운동이 세상을 바꿀 때까지 현장의 목회자들이 지치지 않기를 기도한다.

이 책은 다음의 사람들을 독자로 생각하고 준비했다. 해당되는 분들의 일독을 강력히 권한다.

1) 작은 교회 목회자들
2) 작은 교회들을 후원해야 하는 중견교회 목회자들
3) 교단의 행정을 책임진 지도자들
4) 작은 교회의 일원이고 싶어 하는 평신도들

한국교회여, 예수님처럼 목회하자! 예수님의 동선을 따라 움직이자! 그리고 함께 기도하자. "나라가 임하시오며 뜻이 하늘에서 이루어진 것 같이 땅에서도 이루어 지이다."

장성배 교수

목 차

Part 3. 생명과 평화로 소통하다

Part 4. 십자가와 예술로 소통하다

Part 1
예수와 소통하다

Chapter 01

예수님처럼 목회하라!
성육신적 교회를 위한
12개의 체크 리스트와 코칭 질문들

장성배 교수 (감리교신학대학교 선교학 교수)

홈페이지 : m-center.org
카카오 ID : mcenter21
이메일 : mcenter21@gmail.com
페이스북 : facebook.com/mcenter21

들어가는 말

교회란 무엇인가? 이 질문에 대한 대답은 사람들의 수만큼이나 다양할 것이다. 그가 그리스도인이든지 그렇지 않든지 사람들은 누구나 교회가 무엇인지에 대한 저마다의 생각을 갖고 있다. 어떤 사람은 상당히 논리적으로 세심하게 대답을 할 수 있을 것이고, 어떤 사람은 막연한 적개심만 갖고 있기도 할 것이다. 그렇다면 우리는 교회를 무엇이라고 보는가?

이 땅의 구체적인 교회는 예수 그리스도의 제자들의 공동체에서 출발했다. 특별히 그들이 오순절 다락방에서 성령을 체험하고 확실한 증인 공동체가 되었을 때부터 사람들은 교회라는 실체를 보게 되었다.

그러나 성경 전체에 흐르는 하나님의 역사와 섭리를 바라본다면, 교회는 하나님의 구속사에서 나타난 하나님의 선교의 도구이다. 자신의 형상을 따라 사랑으로 창조한 인간이 죄를 짓고 하나님으로부터 떨어져 나갔을 때부터 하나님은 창조의 회복을 간절히 바라며 일해 오셨다. 하나님의 선교(Missio Dei) 신학은 이것을 잘 보여주고 있다. 선교하시는 하나님께서는 당신의 사명 수행을 위해 사람들을 쓰신다. 대표적인 것이 방주를 지어 구원 프로젝트에 쓰임 받은 노아, 약속의 민족을 세워서 모든 나라와 민족을 구원하고자 하는 계획에 불림 받았던 아브라함, 그 민족을 가나안 땅에 들여보내기 위해 세움 받았던 모세와 여호수아, 사사들과 왕들과 예언자들, 신약에 와서 만민에게 복음을 전파하기 위해 파송 받은 예수님의 제자들, 그리고 수많은 믿음의 사람들을 떠올릴 수 있다.

이렇듯 교회는 세상을 회복하기 원하시는 사랑의 하나님을 떠나서는 설명할 수 없다. 이 말은 곧 교회는 이 땅의 모든 나라와 민족을 회복하기 위한 사명 공동체라는 말이다. 교회가 사명을 잃어버리면 그것은 마치 빛이 세상을 비추지 못하는 것이나 소금이 맛을 잃는 것과 같다. 소금이 맛을 잃어버리면 "아무 쓸 데 없어 다만 밖에 버려져 사람에게 밟힐 뿐"이다.(마 5:13) 사명을 잘 감당하던 에베소 교회도 첫 사랑을 잃어버리고 사명을 저버리면 하나님께서는 촛대를 옮기실 수 있다는 말씀은 교회를 다시 사명 앞에 서게 한다.(계 2:5) 그러므로 한국 교회는 다시 초심으로 돌아가 주님이 주신 사명에 집중하고 그 외의 것들은 과감히 버릴 수 있는 결단이 필요하다.

그렇다면 이 시대의 교회는 어떤 형태로 사명을 감당해야 할까? 무엇을 붙들고 무엇을 버려야 할까? 이에 대해 필자는 늘 "예수님처럼 목회하기!"를 강조해 왔다. 예수님의 사역이야말로 우리 제자 공동체가 따라야 할 가장 명확한 모델이기 때문이다. 예수님의 사역과 마음을 가장 잘 표현한 구절로는 마태복음 9장을 들 수 있다.

예수께서 모든 도시와 마을에 두루 다니사 그들의 회당에서 가르치시며 천국 복음을 전파하시며 모든 병과 모든 약한 것을 고치시니라. 무리를 보시고 불쌍히 여기시니 이는 그들이 목자 없는 양과 같이 고생하며 기진함이라. 이에 제자들에게 이르시되 추수할 것은 많되 일꾼이 적으니 그러므로 추수하는 주인에게 청하여 추수할 일꾼들을 보내 주소서 하라 하시니라.(마 9:35-38)

그러므로 이 글은 12가지 관점에서 예수님의 사역을 정리해 보고자 한다. 이 12가지 관점은 서로 별개의 것이 아니라 예수님의 사역을 좀 더 세부적으로 설명해 보고자 하는 시도이다. 이 12가지 관점들이 여러분의 목회를 점검해 보는 체크 리스트로 사용될 수 있기를 바란다. 보다 정확한 점검을 위해 각각의 관점에는 그에 해당하는 코칭 질문들을 첨가했다.

물론 이 체크 리스트의 목록은 필자의 성경읽기와 선교관, 그리고 교회론에서 비롯된 것이다. 독자들은 하나님께서 주시는 지혜대로 자신에 맞춰 목록을 수정할 수 있을 것이다. 중요한 것은 구체적인 체크 리스트를 가지고 자신의 교회를 점검하고 바꿔 가려고 노력하는 것이다. 이제 그 점검을 시작해 보자.

1. 거리에서 외치는 청년

- 선포할 메시지가 분명한가? -

2000여 년 전 홀연히 한 청년이 나타나 세상을 향해 하나님 나라를 선포하기 시작했다. "이 때부터 예수께서 비로소 전파하여 이르시되 회개하라 천국이 가까이 왔느니라 하시더라."(마 4:17) "때가 찼고 하나님의 나라가 가까이 왔으니 회개하고 복음을 믿으라 하시더라."(막 1:15) 그 선포는 세상에 매몰되어 살고 있던 사람들에게 마치 하늘이 열리는 것과도 같은 소리였다. 하나님께서 세상을 다스리시기 위해서 이 땅에 임하신다는 소식은 힘이 없어 하늘을 향해 울부짖던 사람들에게는 기쁨의 소리요, 세상 권세를 누리고 있던 사람들에게는 청천벽력 같은 선포였다. 그 때부터 하나님 나라의 새로운 운동이 시작되었다. 역사의 새로운 장이 열리게 된 것이다.

그렇다면 세상을 향해 선포 하시는 예수님의 비전은 어떤 것이었을까? 어떤 세상이 된다는 것인가? 예수님은 그 비전을 이렇게 설명한다.

주의 성령이 내게 임하셨으니 이는 가난한 자에게 복음을 전하게 하시려고 내게 기름을 부으시고 나를 보내사 포로 된 자에게 자유를, 눈 먼 자에게 다시 보게 함을 전파하며 눌린 자를 자유롭게 하고 주의 은혜의 해를 전파하게 하려 하심이라 하였더라.... 이 글이 오늘 너희 귀에 응하였느니라.(눅 4:18-21)

질문해 보자. 이 시대의 교회가 정말 예수님과 같은 비전을 추구하고 있는가? 하나님이 다스리시는 세상을 만들기 위해 최선을 다하고 있는가? 교회는 세상을 향한 분명한 메시지가 있어야 한다. 교회가 세상 한 가운데에서 하나님 나라를 선포하고 그 실현을 위해 움직여 나갈 때 세상은 교회를 인정하고 하나님께 나아올 것이다. "이같이 너희 빛이 사람 앞에 비치게 하여 그들로 너희 착한 행실을 보고 하늘에 계신 너희 아버지께 영광을 돌리게 하라."(마 5:16)

코칭 질문: 선포할 메시지가 있는가?

1) 우리 교회는 세상을 향해 선포할 하나님께로부터 받은 핵심

메시지가 있는가?

2) 우리 교회의 메지시는 예수님의 그것과 일치하는가?

3) 그 메시지가 세상을 살릴 유일한 길임을 확신하고 성도들의 전 삶과 사역을 통해 선포하고 있는가?

4) 우리 교회는 세상 사람들이 우리의 선포를 이해할 수 있도록 다양한 방법들을 모색하고 있는가?

5) 우리 교회는 그 메시지대로 살아서 세상을 변화시키는 결과를 내고 있는가?

2. 교회 안이 아니라 교회 밖에서

- 세상 한 가운데서의 사역이 준비되어 있는가? -

예수께서 인간의 모습을 띠고 이 땅에 오실 때 그의 선택은 참으로 놀랍다. 그는 로마 황제의 아들로 태어나 왕으로서 세상을 바꿀 수도 있었다. 아니면 적어도 헤롯 왕가에 태어나서 잃어버린 다윗의 도성을 회복할 수도 있었다. 그것도 아니라면 대제사장의 가문에서 태어나 영적인 지도자로서 사람들을 이끌 수도 있었다. 그러나 그의 선택은 가난한 목수의 아들로 태어나 변방의 갈릴리 가난한 사람들 곁에서 하나님 나라 운동을 일으키는 것이었다.

이렇듯 예수님의 하나님 나라 운동은 전문 사제들이 사역하던 예루살렘 성전에서가 아니라 갈릴리 나사렛의 가난한 사람들의 삶의 현장에서 시작되었다. 그의 주된 삶과 사역의 이야기들은 가나의 혼인 잔치나 세리 마태의 집과 같은 세상 사람들을 만나는 삶의 현장에서 일어났다. 예수님이 이렇게 선택한 이유는 바리새인을 향한 예수님의 대답에 잘 나타나 있다. "건강한 자에게는 의사가 쓸 데 없고 병든 자에게라야 쓸 데 있느니라. 너희는 가서 내가 긍휼을 원하고 제사를 원하지 아니하노라 하신 뜻이 무엇인지 배우라. 나는 의인을 부르러 온 것이 아니요 죄인을 부르러 왔노라 하시니라."(마 9:12-13) 예수님은 사랑과 긍휼의 마음으로 죽어가는 사람들을 찾아가서 그들 곁에서 구원의 이야기를 시작하셨던 것이다.

제사장들이나 바리새인들의 눈에 이러한 예수님이 어떻게 보였는지는 다음 구절이 잘 표현하고 있다. "인자는 와서 먹고 마시매 말하기를 보라 먹기를 탐하고 포도주를 즐기는 사람이요 세리와 죄인의 친구로다 하니..."(마 11:19) 그렇다면 우리는 예수님을 어떻게 볼까? 이 시대에 예수님이 나타나셔서 죄인들과 함께 먹고 마시는 것을 본다면 우리 그리스도인들도 그들처럼 말하지 않을까? 분명한 것은 예수님의 사역이 전통적인 제사장들이나 소위 신실한 바리새인들이 말하는 예배나 경건과는 너무도 달랐다는 것이다.

그렇다면 이 시대에 예수님의 동선을 따르는 교회는 어디에서 무엇을 하고 있어야 할까? 말씀이 육신을 입어 사람들 곁으로 오신 것을 성육신이라고 한다면, 교회는 어떻게 세상 사람들처럼 되어 그들의 삶 속으로 들어갈 수 있을까? 교회는 교회건물 밖으로 나와 세상 안에 존재하는 삶과 사역 방법에 대해 고민해야 한다.

코칭 질문: 교회건물 밖에서 사역할 수 있는가?

1) 우리 교회의 주요 사역들은 교회 건물 안에서 이뤄지고 있는가, 아니면 밖에서 이뤄지고 있는가? 그 예를 들어보자.
2) 예수님의 관점에서 볼 때 우리 교회의 사역은 어떻게 평가될 수 있는가?
3) 우리 교회는 예수님처럼 세상 사람들의 삶 속으로 성육신할 수 있는가? 있다면 우리 교회의 구체적인 성육신 단계는 어떤 것인가? 설명해 보라.

3. 가난한 사람들을 향하여

- 사역의 초점이 가난하고 도움이 필요한 사람들을 향해 있는가? -

예수님의 사역은 가난하고 상처투성이인 사람들 곁에서부터 시작되었다. 고아와 과부와 나그네와 가난한 사람들은 구약에서부터 하나님의 우선적 관심의 대상이었다. 혼자 설 수 없는 사람들, 의지할 곳 없는 사람들, 그래서 하늘을 향해 울부짖을 수밖에 없는 사람들! 하나님의 마음은 늘 그들을 향해 있었고, 그의 아들 예수님도 그들

옆에서 사역을 시작했다.

세례 요한이 자신의 제자 둘을 예수께 보내어 메시야의 증표를 보여 달라고 했을 때 예수님의 대답은 참으로 의미심장하다. "너희가 가서 보고 들은 것을 요한에게 알리되 맹인이 보며 못 걷는 사람이 걸으며 나병환자가 깨끗함을 받으며 귀먹은 사람이 들으며 죽은 자가 살아나며 가난한 자에게 복음이 전파된다 하라."(눅 7:22) 이는 앞에서 살펴본 대로 이사야의 예언을 들어 예고하신 예수님의 사역과 일치한다. 같은 맥락에서 마태복음 4장도 예수님의 사역을 잘 요약하고 있다.

예수께서 온 갈릴리에 두루 다니사 그들의 회당에서 가르치시며 천국 복음을 전파하시며 백성 중의 모든 병과 모든 약한 것을 고치시니 그의 소문이 온 수리아에 퍼진지라. 사람들이 모든 앓는 자 곧 각종 병에 걸려서 고통 당하는 자, 귀신 들린 자, 간질하는 자, 중풍병자들을 데려오니 그들을 고치시더라. 갈릴리와 데가볼리와 예루살렘과 유대와 요단 강 건너편에서 수많은 무리가 따르니라.(마 4:23-25)

그렇다면 21세기 한국교회의 사역 초점은 예수님의 초점과 같은가? 이 땅에 소외되고 어려움 당하는 사람들이 교회의 주요 사역 대상인가? 교회는 진정 그들에게 기쁨과 희망이 되고 있는가? 한국교회는 지금까지 열심히 달려가고 있던 길을 잠시 멈추고, 그 길이 예수님의 길과 같은지 스스로 질문해야 한다. 그렇지 않으면 열심히 사역을 하고도 주님께 버림받게 될 수도 있다. "나더러 주여 주여 하는 자마다 다 천국에 들어갈 것이 아니요 다만 하늘에 계신 내 아버지의 뜻대로 행하는 자라야 들어가리라."(마 7:21)

코칭 질문: 가난하고 소외된 사람들 곁에 있는가?

1) 가난하고 소외된 사람들을 향한 우리 교회의 인식은 어떠한가?
2) 우리 교회의 관점과 예수님의 관점은 같은가?
3) 가난한 사람들을 향해 우리 교회가 감당하고 있는 사역은 무엇인가?
4) 그것이 우리의 주된 사역인가? 아니면 부수적인 사역인가?
5) 가난하고 소외된 사람들을 향한 장기적 계획이 있는가?

4. 사랑의 섬김으로

- 뜨거운 사랑의 열정으로 사람들을 섬기고 있는가? -

예수께서 이 땅에 오신 이유는 세상을 너무도 사랑하셔서 이 세상 만물을 구원하려는 것이었다.(요 3:16) 그 사랑 때문에 절대자가 약한 인간이 되었고, 영원하신 분이 시간 안의 존재가 되었으며, 거룩하신 분이 죄 많은 세상의 일원이 되었다. 그것을 도무지 믿을 수 없어서 희랍 배경의 그리스도인들은 가현설로 설명했고, 유대 배경의 그리스도인들은 에비오니즘(ebionism)을 낳게 되었다. 그러나 초대교회는 양쪽 모두를 이단으로 정리하고 참으로 하나님께서 참된 인간의 모습으로 우리 곁에 오셨다고 고백했다. 사람들이 믿을 수 없을 정도로 무리수를 두며 인간이 되신 것은 하나님이 세상을 얼마나 사랑하셨는지를 잘 보여준다.

이러한 사랑의 섬김을 예수님은 다음과 같이 표현하신다. "인자가 온 것은 섬김을 받으려 함이 아니라 도리어 섬기려 하고 자기 목숨을 많은 사람의 대속물로 주려 함이니라."(마 20:28) "내가 온 것은 양으로 생명을 얻게 하고 더 풍성히 얻게 하려는 것이라.... 나는 양을 위하여 목숨을 버리노라."(요 10:10-15)

생명을 내어주신 하나님의 자기희생적 사랑이야말로 사람들에게 가장 큰 감동을 준다. 사랑을 받은 사람들은 하나님의 사랑에 감격하게 되고 주님을 향해 자신의 모든 것을 바치게 된다. 이와 같이 사랑의 섬김이야말로 세상 사람들을 향한 가장 강력한 전도 방법이다. 어떤 논리적 설득으로나 뛰어난 전략으로도 얻을 수 없는 사람들의 마음을 사랑의 섬김을 통해 얻을 수 있다.

또한 사랑의 섬김은 쓰러져 있는 사람들을 소생시킬 수 있는 가장 강력한 방법이다. 사랑의 섬김을 받은 사람들은 잃었던 자존감과 자신감을 되찾게 된다. 그들은 용기와 희망을 갖고 일어나 사랑으로 섬기는 일에 동참하게 된다. 결과적으로 사랑의 섬김이 사랑으로 섬기는 세상을 만든다. 그것이 곧 하나님 나라다.

코칭 질문: 사랑으로 섬기고 있는가?

1) 사랑은 그 대상을 향한 끊임없는 관심과 희생적 섬김의 행동을 통해서 드러난다. 이 관점에서 우리 교회의 사역을 평가한다면, 우리의 사역은 진정 사랑에 기반을 두고 있는가?
2) 예수님의 사역이야말로 사랑이 동기가 된 사역의 전형적인

모델이다. 우리 교회의 사역을 예수님의 사역에 비교해서 설명해 보라.

3) 사랑에 근거한 사역을 유지하기 위해서 꼭 필요한 것은 무엇일까?

5. 하나님 나라 운동

- 하늘의 뜻을 이 땅에 이루려고 노력하고 있는가? -

하나님 나라는 예수님 사역의 알파와 오메가다. 그의 사역의 시작이 하나님 나라를 선포하는 것이었고, 부활하신 예수께서는 40일 동안 제자들과 함께하시면서 하나님 나라의 일을 정리해 주시고 승천하셨다. (행 1:3) 제자들은 예수께서 가르쳐주신 기도를 할 때마다 늘 하나님의 나라가 이 땅에 임하도록 기도했다. "나라가 임하시오며 뜻이 하늘에서 이루어진 것 같이 땅에서도 이루어지이다."(마 6:10) 또한 제자들이 가장 중요하게 추구해야 할 것은 하나님 나라라고 가르치셨다.

그러므로 염려하여 이르기를 무엇을 먹을까 무엇을 마실까 무엇을 입을까 하지 말라. 이는 다 이방인들이 구하는 것이라. 너희 하늘 아버지께서 이 모든 것이 너희에게 있어야 할 줄을 아시느니라. 그런즉 너희는 먼저 그의 나라와 그의 의를 구하라 그리하면 이 모든 것을 너희에게 더하시리라.(마 6:31-33)

하나님 나라는 제자들이 추구해야 할 가장 중요한 목표이자

종착점이다. 하나님께서 다스리시는 나라가 되어야 모든 상처가 치유되고 창조의 질서가 회복되기 때문이다. 이것이야말로 하늘의 뜻이 이 땅에 이뤄지는 것이다. 하나님께서 이 땅에 온전히 임하시고, 운행하시며, 모든 피조물이 하나님을 찬양하는 것이야말로 구약의 선지자들이 꿈꾸던 나라이다.

제자들이 분명한 하나님의 나라를 추구하게 되면 세상의 풍조에 흔들리지 않게 된다. 세상의 어떤 권세나 유혹에도 흔들리지 않는 삶을 살게 된다. 사랑의 하나님께서 다스리시는 곳에는 싸움과 분열도 사라진다. 교회가 하나 되고, 사회도 사랑으로 하나 된다. 끝내는 세상 만물이 하나님의 뜻 가운데서 아름다운 지구촌을 만들어 간다.

예수님은 그 하나님 나라가 누룩과 같아서 적지만 빵을 부풀게 하듯이, 겨자씨와 같아서 작지만 큰 나무가 되듯이, 작은 사랑의 공동체를 통해 시작된다고 가르치셨다. 우리가 하나님 나라의 원리를 믿을 때 각자의 처한 곳에서부터 하나님 나라를 시작할 수 있다.

코칭 질문: 하나님 나라를 추구하고 있는가?

1) 우리 교회는 하나님의 나라를 추구하고 있는가? 무엇을 보고 그것을 알 수 있는가?
2) 성경적 관점에서 하나님 나라가 이뤄진 세상을 구체적으로 설명해 보라.
3) 우리 교회는 성경의 하나님 나라를 이 시대의 사람들이 이해할 수 있는 방법으로 설명할 수 있는가?

4) 하나님 나라를 추구하는 구체적인 실천 방법과 단계는 무엇인가?

6. 총체적 선교

- 총체적인 치유와 회복을 지향하고 있는가? -

예수께서 꿈꾸시던 하나님 나라는 인간의 영혼만이 구원받는 나라가 아니었다. 모든 나라와 민족, 그들이 사는 사회와 이 땅의 모든 피조물이 치유 되고 하나님의 창조의 원형을 회복하는 나라였다. 이를 위해 예수님은 말씀만 선포하신 것이 아니라 병자들을 고치시고, 굶주린 사람들을 먹이시며, 마음의 상처를 치유하시고, 하나님 나라 공동체를 만들어 가셨다.

이렇게 하나님께서 다스리시는 나라에 대한 비전은 성서의 가장 중요한 관심사이다. 성경의 몇 구절만 살펴보자. 구약에서 가장 극적으로 환상 중에 그 나라를 그려낸 사람은 이사야 선지자다. 그는 여호와께서 이루실 새 하늘과 새 땅을 다음과 같이 묘사했다.

보라 내가 새 하늘과 새 땅을 창조하나니 이전 것은 기억되거나 마음에 생각나지 아니할 것이라.... 이리와 어린 양이 함께 먹을 것이며 사자가 소처럼 짚을 먹을 것이며 뱀은 흙을 양식으로 삼을 것이니 나의 성산에서는 해함도 없겠고 상함도 없으리라.(사 65:17-25)

이 비전이 예수님의 제자들에게는 다음과 같이 고백되었다. "하늘에 있는 것이나 땅에 있는 것이 다 그리스도 안에서 통일되게 하려 하심이라."(엡 1:10) "내리셨던 그가 곧 모든 하늘 위에 오르신 자니 이는 만물을 충만하게 하려 하심이라."(엡 4: 10) "그 바라는 것은 피조물도 썩어짐의 종노릇 한 데서 해방되어 하나님의 자녀들의 영광의 자유에 이르는 것이니라."(롬 8:21) "또 내가 새 하늘과 새 땅을 보니 처음 하늘과 처음 땅이 없어졌고 바다도 다시 있지 않더라."(계 21:1)

이 관점에서 교회가 감당할 선교의 비전과 목표는 이 세상 모든 피조물의 총체적 치유와 회복이다. 이는 영적 차원뿐만 아니라 정신적, 정치적, 사회적, 경제적, 문화적, 육체적, 생태적 차원 모두를 포함한다. 또한 하워드 스나이더의 저서인 「하나님 나라의 모델들」에서 볼 수 있듯이 하나님의 나라는 1) 영적-물질적 2) 하나님의 행위-인간의 행위 3) 급진적-점진적 4) 미래적-현재적 5) 하나님의 나라-교회 6) 개인적-사회적 긴장 관계 속에서 존재한다. 이러한 긴장 관계는 교회로 하여금 늘 깨어있도록 하고, 겸손하게 하며, 하나님의 도우심을 간구하게 한다.

최선을 다해 하나님 나라의 사명을 감당하는 교회는 하나님 나라 공동체가 되고, 먼저 새로운 피조물이 되어 세상을 새로운 질서 안으로 이끈다. 그 질서는 은혜와 사랑, 그리고 섬김의 질서이다. "보라 내가 만물을 새롭게 하노라."(계 21:5)

코칭 질문: 총체적 선교를 감당하고 있는가?

1) 우리 교회의 사역은 예수 믿고 구원받아 교회의 일원이 되는 일에만 집중하는가? 아니면 하나님의 뜻이 땅에 이뤄지기 위해 일하고 있는가?

2) 총체적 목회와 선교의 관점에서 수정해야 할 우리 교회의 사역들에는 어떤 것들이 있는가?

3) 우리 교회가 계획하고 있는 총체적 목회와 선교 전략은 무엇인가?

7. 거룩을 향하여

- 개인적 성화와 사회적 성화를 지향하고 있는가? -

하나님 나라가 이 땅에 임한다는 것은 거룩함의 문제와 무관할 수 없다. 예수님은 "하늘에 계신 너희 아버지의 온전하심과 같이 너희도 온전하라"고 강조하셨다.(마 5:48) 우리가 하나님께서 거하실 전이 되어야 하기 때문이다. 거룩하신 하나님께서 우리 안에 거하시기 위해서는 우리가 먼저 거룩해져야 한다. "내가 너희에게 이르노니 너희 의가 서기관과 바리새인보다 더 낫지 못하면 결코 천국에 들어가지 못하리라."(마 5:20) 그리고 우리가 거룩하신 하나님을 모시게 되면 이제는 사탄의 불경과 더러움이 우리의 삶에 침입하지 못하게 된다. 거룩은 우리의 삶 속에 온전히 이뤄지고, 그럴 때 우리는 세상을 거룩하게 하는 빛과 소금의 사명을 감당하게 된다.

너희는 세상의 소금이니 소금이 만일 그 맛을 잃으면 무엇으로 짜게 하리요 후에는 아무 쓸 데 없어 다만 밖에 버려져 사람에게 밟힐 뿐이니라. 너희는 세상의 빛이라 산 위에 있는 동네가 숨겨지지 못할 것이요 사람이 등불을 켜서 말 아래에 두지 아니하고 등경 위에 두나니 이러므로 집 안 모든 사람에게 비치느니라. 이같이 너희 빛이 사람 앞에 비치게 하여 그들로 너희 착한 행실을 보고 하늘에 계신 너희 아버지께 영광을 돌리게 하라.(마 5:13-16)

십자가를 지시기 전날 밤 제자들을 위한 기도를 하나님께 올리실 때에도 예수께서는 제자들이 악에 빠지지 않고 진리로 거룩하게 되기를 간구하셨다.

내가 비옵는 것은 그들을 세상에서 데려가시기를 위함이 아니요 다만 악에 빠지지 않게 보전하시기를 위함이니이다. 내가 세상에 속하지 아니함 같이 그들도 세상에 속하지 아니하였사옵나이다. 그들을 진리로 거룩하게 하옵소서, 아버지의 말씀은 진리니이다.(요 17:15-17)

이 시대의 교회 역시 거룩함을 강조해야 한다. 하나님께서 거룩하시기 때문이다. 교회가 거룩할 때 사회를 변화시키는 힘을 갖게 된다. 반면에 교회가 타락하면 세상의 조롱을 받게 되고, 사회는 거룩하게 될 구원의 기회를 영영 상실하게 된다. 세상을 거룩하게 하는 거룩한 제자들의 공동체가 교회다.

코칭 질문: 거룩함을 추구하고 있는가?

1) 거룩함이 예수님에게 그토록 중요했던 이유는 무엇일까?
2) 개인적 성화를 이뤄냈을 때 나의 삶의 상태를 설명해 보라.
3) 사회적 성화를 이뤄냈을 때 사회의 상태를 설명해 보라.
4) 우리 교회 구성원들의 삶과 사역은 개인적 성화와 사회적 성화를 이뤄내고 있는가?
5) 혹시 그렇지 못하다면 개선할 목회 방법들에는 어떤 것들이 있는가?
6) 오늘부터 이 목표를 향해 움직일 각오가 되어 있는가?

8. 성령과 사람 중심의 교회론

- 건물 중심의 교회론을 탈피했는가? -

예수님의 교회론을 엿볼 수 있는 성경 본문으로는 예수께서 사마리아 여인과 대화를 나누시는 요한복음 4장을 들 수 있다. 예수님이 선지자라고 확신하게 되자 사마리아 여인은 성전의 정통성에 대해 묻는다. "우리 조상들은 이 산에서 예배하였는데 당신들의 말은 예배할 곳이 예루살렘에 있다 하더이다."(요 4:20) 이에 대해 예수께서는 장소와 건물 중심의 교회가 아닌 새로운 교회에 대해 이야기하신다.

예수께서 이르시되 여자여 내 말을 믿으라. 이 산에서도 말고 예루살렘에서도 말고 너희가 아버지께 예배할 때가 이르리라.... 아버지께 참되게 예배하는 자들은 영과 진리로 예배할 때가 오나니 곧 이 때라 아버지께서는 자기에게 이렇게 예배하는 자들을 찾으시느니라. 하나님은 영이시니 예배하는 자가 영과 진리로 예배할지니라.(요 4:21-24)

영으로 하나님을 예배하는 교회는 장소와 건물에 국한될 필요가 없다. 특히 성령님은 바람처럼 사람들을 이끌어 가신다. "바람이 임의로 불매 네가 그 소리는 들어도 어디서 와서 어디로 가는지 알지 못하나니 성령으로 난 사람도 다 그러하니라."(요 3:8) 예수님의 예언처럼 사도행전의 초대교회 사람들은 성령의 인도하심을 받아 증인의 사명을 감당하기 위해 땅 끝까지 나갔다. 그들은 어디서나 영이신 하나님을 영과 진리로 예배했는데, 마가의 다락방이나 누가의 집이나, 심지어 핍박 중에는 카타콤에서도 예배를 드렸다. 그들은 어디서나 하나님을 예배하는 사람들, 곧 교회였다.

특히 성령이 이끄시는 교회는 세상의 어떤 박해와 사탄의 공격에도 쓰러지지 않는 힘을 갖게 되었다. "오직 성령이 너희에게 임하시면 너희가 권능을 받고..."(행 1:8) 하늘이 주시는 힘이야말로 교회의 강력한 무기이다. 그들은 또한 땅 끝까지 증인의 삶을 살게 되었다. "예루살렘과 온 유대와 사마리아와 땅 끝까지 이르러 내 증인이 되리라."(행 1:8)

더 나아가서 성령님은 그리스도의 몸 된 교회 안에서 지체의 역할을 감당하도록 은사들을 주셨는데, 그 결과 아름다운 은사 공동체가 탄생하게 되었다.(고전 12장) 또한 성령을 모신 사람들은 성령의 열매까지 맺게 되었다. "오직 성령의 열매는 사랑과 희락과 화평과 오래 참음과 자비와 양선과 충성과 온유와 절제니 이 같은 것을 금지할 법이 없느니라."(갈 5:22-23)

코칭 질문: 성령이 이끄시는 예수님의 제자들로서의 교회를 추구하는가?

1) 예수님의 교회에 대한 이해는 우리 교회의 그것과 일치하는가? 그 구체적인 예를 들어보라.
2) 우리 교회에는 성령의 인도하심과 은사, 그리고 성령의 열매가 나타나는가?
3) 예수님의 교회론을 수용하면 우리 교회의 목회와 선교는 어떻게 바뀌어야 하는가?
4) 예수께서 꿈꾸시던 교회가 되기 위해 구체적인 계획을 세워보자.

9. 만인 사명자

- 모든 사람을 사명자로 세우고자 하는가? -

예수님의 하나님 나라 운동은 평신도들의 운동이었다. 예수님이 목수의 아들이었고, 제자들은 어부, 세리 등 세상의 직업들을 갖고 있었다. 특히 예수님의 사역에는 시대적으로 보기 드물게 여성들의 역할이 많이 등장했다. 그런데 이것은 성경 전체를 관통하는 일관된 경향이다. 구약에서도 하나님께 불림 받은 많은 사람들 중에 제사장은 극히 일부에 불과하다. 그 외의 대부분은 평신도들이다. 노아, 아브라함, 요셉, 모세, 여호수아, 사사들, 사무엘, 다윗, 다니엘, 예언자들의 대부분이 평신도들이다. 그렇다면 구태여 목회자와 평신도를 구분할 것 없이 모든 사람들이 자신의 상황 속에서 하나님의 사명자로 세움 받았다고 보는 것이 성서적이다.

태초에 인간은 삼위일체 하나님의 형상을 따라 지음 받았다. 그들에게는 이 땅을 다스리라는 문화명령이 주어졌는데, 그 사명을 감당하는 인간의 모습은 하나님의 기쁨이었다.(창 1:26-31) 비록 죄 때문에 죽을 수밖에 없는 존재로 전락했지만 예수 그리스도의 십자가로 구원받은 사람들은 다시 사명 앞에 서게 된다.

주님은 그의 제자들을 세상 한 가운데로 보내신다. 너희는 세상의 소금이 되고 빛이 되어야 한다. 너희는 서로 사랑해야 한다. 너희는 하나님의 나라를 선포해야 한다. 너희는 가서 모든 나라와 민족을 제자 삼아야 한다. 성령이 너희에게 임하시면 너희는 땅 끝까지 내 증인이 되어야 한다.

이러한 명령에 제외될 수 있는 제자는 한 사람도 없다. 모든 제자들은 스승이요 주님 되신 예수 그리스도의 명령을 따라야 한다. 심지어 지금 믿지 않는 사람이라 할지라도 반드시 주님을 영접하고 그의 명령 앞에 서야만 살 수 있다. 그리고 주님은 모든 영혼이 그렇게 되기를 간절히 바라신다. 주님의 눈에는 모든 사람들이 사명자로 보이고, 그것이

이뤄지기를 소원하신다. 이것이 필자가 만인 사명자설을 주장하는
이유이다.

그러므로 이 시대의 교회는 모든 사람들이 저마다의 자리에서
하나님의 사명에 응답하고, 함께 협력하여 교회 공동체를 이뤄가며,
세상의 빛과 소금이 되고, 하나님 나라를 선포하며, 모든 나라와 민족을
제자 삼는 사명자가 되도록 도와야 한다.

코칭 질문: 모든 사람을 사명자로 세우고 있는가?

1) 만인 사명자직에 대한 성경적 관점이 우리 교회의 목회관과
일치하는가? 그 이유를 구체적으로 설명해 보라.
2) 예수님의 만인사명자직을 수용하면 우리 교회의 목회와
선교는 어떻게 바뀌어야 하는가?
3) 모든 사람을 사명자로 세우기 위해 구체적인 계획을 세워보자.

10. 강력한 소그룹 공동체

- 소그룹 공동체와 그들의 네트워크를 활용하고 있는가? -

성경에서 교회의 공동체성을 논할 때 우리는 먼저 초대교회 공동체를
떠올린다. 그러나 공동체성은 본래 하나님의 본성과 존재방식에서

비롯된다. 삼위로 사역하시는 하나님은 동시에 한 공동체로 존재하신다. 삼위일체 하나님의 동역은 창조 활동 때부터 나타나고 있다. "하나님이 이르시되 우리의 형상을 따라 우리의 모양대로 우리가 사람을 만들고 그들로 바다의 물고기와 하늘의 새와 가축과 온 땅과 땅에 기는 모든 것을 다스리게 하자 하시고..."(창 1:26) 인간도 남자와 여자를 서로 다르지만 하나 되게 창조하셨다.(창 1:27) 하나님의 공동체성이 피조물에게도 드러나게 된 것이다. 하나님께서 지으신 동산은 하나님의 품 안에서 하나의 큰 공동체였다.

성경은 하나님을 떠난 인간이 하나님의 공동체성을 상실했다고 말한다. 이에 반해 하나님은 피조물 안에 잃어버린 공동체성을 회복하기 위해 움직이셨다. 노아의 방주 속에 있던 생명 공동체, 이스라엘 민족 공동체, 예수님과 함께했던 제자 공동체, 오순절 이후의 교회 공동체, 이사야의 예언에 나타났던 사자와 어린양이 함께 뛰노는 비전이 성취될 요한계시록의 마지막 공동체는 삼위일체 하나님께서 만들어 가시는 회복의 이야기들 중의 일부이다.

공동체성의 회복을 위해서 예수님은 제자들을 부르시고 소그룹에서부터 공동체성을 회복하는 훈련을 하셨다. 십자가를 지시기 전날 제자들을 위한 예수님의 기도는 이러한 그의 뜻을 잘 반영하고 있다. "아버지여, 아버지께서 내 안에, 내가 아버지 안에 있는 것 같이 그들도 다 하나가 되어 우리 안에 있게 하사 세상으로 아버지께서 나를 보내신 것을 믿게 하옵소서."(요 17:21) 그 결과는 이 땅의 모든 피조물이 하나님의 공동체성 안에서 회복되는 것이었다. "하늘에 있는 것이나 땅에 있는 것이 다 그리스도 안에서 통일되게 하려 하심이라."(

엡 1:10)

　그러므로 교회의 사명은 분열된 세상을 삼위일체 하나님의 공동체성 안으로 인도하는 것이다. 그것이 예수님의 기도를 이루는 것이고, 뜻이 하늘에서 이룬 것 같이 하나님의 나라가 이 땅에서도 이뤄지는 길이다. 그러기 위해서 교회는 성령의 인도하심 안에서 강력한 공동체를 이루기 위해 애써야 한다. "성령이 하나 되게 하신 것을 힘써 지키라."(엡 4:3)

　특히 예수님은 소그룹의 힘을 강조 하셨다. 12제자의 강력한 공동체는 더 작은 단위로 나뉘질 수도 있었다. "두세 사람이 내 이름으로 모인 곳에는 나도 그들 중에 있느니라."(마 18:20) 제자들은 둘씩 짝지어져 마을과 마을로 파송되었다. 작지만 힘 있게 모인 공동체들은 세상을 향해 나가 세상을 변화시키는 누룩이 된다. 그리고 그 작은 공동체들이 더 큰 단위로 네트워킹 되면 세상을 움직이는 강력한 힘이 된다.

코칭 질문: 소그룹 공동체를 활용하고 있는가?

　1) 당신은 예수님의 사역 속에 나타난 소그룹 공동체가 왜 그토록 중요하다고 생각하는가?
　2) 우리 교회는 예수님의 소그룹 공동체 사역을 충분히 이해하고 활용하고 있는가?
　3) 만약 그렇지 않다면 소그룹 공동체를 활용하기 위해 우리 교회가 준비할 것들은 무엇인가?
　4) 지금 당장 무엇부터 시작하겠는가?

11. 마을마다

- 마을을 바꾸고 그 경험이 확장 전파되는 변혁 운동을 지향하고 있는가? -

예수님께서는 성전 안에서 하나님 나라 운동을 설교하기만 하신 것이 아니다. 그분은 직접 마을과 마을을 다니시며 하나님 나라 운동을 실천하셨다. "예수께서 모든 도시와 마을에 두루 다니사 그들의 회당에서 가르치시며 천국 복음을 전파하시며 모든 병과 모든 약한 것을 고치시니라."(마 9:35)

그분이 그토록 수고하고 애쓰며 다니신 이유는 고통당하는 사람들을 향한 뜨거운 사랑 때문이었다. "무리를 보시고 불쌍히 여기시니 이는 그들이 목자 없는 양과 같이 고생하며 기진함이라."(마 9:36) 사랑 때문에 쉬지 않고 움직이는 것이 삼위일체 하나님의 속성이다. 그리고 이 사랑 때문에 우리가 구원을 얻고 나음을 입는다.

그런데 인간의 몸을 입고 오신 예수님의 걸음으로는 찾아가야 할 사람들이 감당할 수 없을 만큼 많았다. 세상 곳곳에서 상처받고 신음하는 사람들, 하나님 나라의 기쁜 소식을 들어야 하는 사람들이 주님의 사역을 필요로 하고 있었다. 이 많은 사람들을 치유하고 회복하기 위해서는 더 많은 일꾼들이 필요했다. 그래서 예수님은 제자들에게 말씀하신다. "이에 제자들에게 이르시되 추수할 것은 많되 일꾼이 적으니 그러므로 추수하는 주인에게 청하여 추수할 일꾼들을 보내 주소서 하라."(마 9:37-38)

마태복음 9장이 일꾼을 요청하면서 끝났다면 10장에서 우리는 제자들을 마을마다 파송하시는 주님을 만난다.

예수께서 그의 열두 제자를 부르사 더러운 귀신을 쫓아내며 모든 병과 모든 약한 것을 고치는 권능을 주시니라…. 예수께서 이 열둘을 내보내시며 명하여 이르시되 이방인의 길로도 가지 말고 사마리아인의 고을에도 들어가지 말고 오히려 이스라엘 집의 잃어버린 양에게로 가라. 가면서 전파하여 말하되 천국이 가까이 왔다 하고 병든 자를 고치며 죽은 자를 살리며 나병환자를 깨끗하게 하며 귀신을 쫓아내되 너희가 거저 받았으니 거저 주라.(마 10:1-8)

이처럼 제자들은 예수님이 하신 것과 같이 모든 도시와 마을에 다니며 하나님 나라를 선포했다. 그렇다면 이 시대의 교회도 모든 마을을 하나님 나라로 바꿔 가는 비전을 갖고 강력한 하나님 나라 운동을 전개해야 하지 않을까?

코칭 질문: 마을과 도시를 품고 있는가?

1) 우리는 교회가 위치한 마을을 어떤 눈으로 보고 있는가?
2) 마을을 변화시키기 위해 우리 교회는 무엇을 하고 있는가?
3) 마을을 변화시키기 위한 우리 교회의 장기적 계획은 무엇인가?
4) 이 변화가 다른 마을까지 전염되고 확장되는 운동성에 대한 우리 교회의 비전과 계획은 무엇인가?

12. 땅 끝으로

- 지구촌 전체를 회복하는 비전과 전략이 있는가? -

하나님 나라를 향한 예수님의 비전은 모든 나라와 백성들에게까지 확장된다. 복음서는 온 천하에 복음이 전파되어야 할 것을 다음과 같이 표현한다. "또 이르시되 너희는 온 천하에 다니며 만민에게 복음을 전파하라."(막 16:15) "이 천국 복음이 모든 민족에게 증언되기 위하여 온 세상에 전파되리니 그제야 끝이 오리라."(마 24:14)

요한복음은 부활하신 주님이 제자들이 모인 곳에 모습을 보이셨을 때 제자들을 세상으로 파송하셨다고 기록하고 있다. 이 때 주님은 제자들에게 성령을 주셨고 죄를 사할 수 있는 권세도 부여하셨다. "예수께서 또 이르시되 너희에게 평강이 있을지어다. 아버지께서 나를 보내신 것 같이 나도 너희를 보내노라. 이 말씀을 하시고 그들을 향하사 숨을 내쉬며 이르시되 성령을 받으라. 너희가 누구의 죄든지 사하면 사하여질 것이요 누구의 죄든지 그대로 두면 그대로 있으리라 하시니라."(요 20:21-23)

누가복음과 연결된 사도행전을 보면 성령을 기다리던 제자들은 오순절 다락방에서 성령 체험을 하고 땅 끝까지 증인의 사명을 감당하게 된다. "오직 성령이 너희에게 임하시면 너희가 권능을 받고 예루살렘과 온 유대와 사마리아와 땅 끝까지 이르러 내 증인이 되리라 하시니라."(행 1:8)

특별히 마태복음 28장은 교회에게 주어진 가장 큰 위임(the great

commission)으로 유명하다. 역사상 수많은 교회들이 이 말씀을 근거로 땅 끝까지 복음을 들고 나갔다.

> 그러므로 너희는 가서 모든 민족을 제자로 삼아 아버지와 아들과 성령의 이름으로 세례를 베풀고 내가 너희에게 분부한 모든 것을 가르쳐 지키게 하라. 볼지어다. 내가 세상 끝 날까지 너희와 항상 함께 있으리라 하시니라.(마 28:19-20)

중요한 것은 복음을 들고 하나님 나라를 선포하는 제자들과 세상 끝 날까지 함께 하시겠다는 주님의 약속이다. 이는 요한복음 20장 22절과 사도행전 1장 8절에 나타난 성령, 곧 주님의 영과 동일시된다. 예수님은 당신의 영으로 우리와 함께 하시며 우리에게 능력을 주셔서 마침내 사명을 완수하게 하신다.

코칭 질문: 성령과 함께 땅 끝으로 나가고 있는가?

1) 모든 나라와 민족에게 가라는 주님의 명령은 네 복음서 모두에서 나타나고 있는 가장 중요한 명령이라는 것에 동의하는가?
2) 그렇다면 우리 교회 회중들에게는 주님의 이 명령이 살아 있는가?
3) 이 명령을 수행하기 위한 우리 교회의 구체적인 계획은 무엇인가?
4) 이미 국내에는 땅 끝에 있던 사람들이 우리와 함께 살고 있다. 필자는 이러한 이들을 향한 선교를 국내 땅 끝 선교라고 부른다. 국내 땅 끝 선교를 위한 우리 교회의 계획은 무엇인가?
5) 미래의 교회를 책임지고 사명을 감당할 학생들에게는 어떤 준비를 시켜야 할까?

나가는 말

예수님처럼 목회하라! 이 제안은 그리스도의 몸 된 교회라면 거부할 수 없는 가장 중요한 과제이다. 그럼에도 불구하고 많은 교회들이 예수님의 동선과는 달리 교회 건물 안에서 교회 성장만을 위해 애쓰고 있다. 그들은 예수님처럼 세상 사람들의 삶 속으로 들어가 하나님 나라를 건설하는 일에 힘쓰지 않는다. 뜻이 하늘에서 이룬 것 같이 이 땅에서도 이뤄지기를 간절히 바라며 그 방법을 모색하는 일에 시간을 쓰지도 않는다. 그 결과 한국 교회 안에는 개교회주의와 개교단주의가 팽배해 지고 세상을 변화시키는 동력은 사라져 가고 있다.

이제 교회는 다시 예수님을 바라봐야 한다. 그리고 용기를 내어 예수님과 제자들처럼 도시와 마을의 삶의 현장으로 뛰어 들어가야 한다. 우리가 용기를 내어 한 걸음을 내딛는다면 주님께서 성령의 모습으로 땅 끝까지 우리와 함께해 주실 것이다.
교회여, 예수님처럼 목회하자!

Part 2
지역사회와 소통하다

Chapter 02

지역사회의 부름에 응답하는 교회
이호군 목사 (해남새롬교회)

이메일 : googsun@hanmail.net
카카오ID : googsun68
페이스북 : facebook.com.googsun

인천에서 땅 끝으로...

　1996년 7월부터 인천 도화3동에서 '또래 모아 선교원'을 운영하기 시작하였으며 2000년 12월 도화3동에 '복음의 빛' 교회를 개척하면서 도시교회 목회를 시작하였다. 감리교회의 밭이라 불리는 인천의 도화 3동에 있었던 감리교회가 신도심으로 이전하여 감리교회가 없던 도화 3동에 교회를 개척하면서 강한 소명감과 자신감(?)이 있었던 것이 사실이다. 개척교회 목회의 여정은 한 영혼에 대한 간절함과 소중함을 배우는 기회가 되었다.

　개척 3년이라는 기간을 지나면서 기본적인 인원이 모이게 되었고 어린이도서관 설립 및 공부방 운영을 하면서 지역에서도 조금씩 역할을 감당해 가고 있었다. 교회 자립을 통하여 부흥의 새로운 계기를 만들기 위해 새로운 시도를 하게 되었다. 운영하던 선교원과 교회를 통합하여 예배 공간을 마련하려는 계획을 세웠던 것이다. 그러나 다섯 번의 실패를 거듭하면서 하나님의 인도하심을 바라며 기도하지 않을 수 없었다.

　그러던 중 아내와 아이들과 함께 봉고차를 타고 선교원으로 출근 하다가 무면허 운전자로 말미암아 교통사고를 당하는 사고가 생겼다. 아내는 병원에 입원하게 되었고 진료하던 의사는 교통사고로 인한 후유증보다도 갑상선항진증이 의심되니 정밀검사를 받아보라고 권유 했다. 검사를 받고 보니 갑상선항진증이 오래 진행 되어 빨리 수술을 해야 하는 상황이었다.

　도시 개척교회 목회의 한계와 아내의 갑상선항진증이라는 진단이 목회지 이동을 고민하게 했다. 농촌에서 살고 싶다고 가끔 던졌던 말이 생각나던 중에 해남새롬교회로부터 전화를 받고 몇 번의 해남 방문 끝에 2004년 2월 해남에서 두 번째 단독 목회를 시작하게 되었다.

상처를 넘어설 에너지 찾기

2004년 부임 당시 우리 해남새롬교회는 해남읍에 있는 교회였지만 갈등으로 인하여 성도들이 교회를 떠나고 그 상처로 인한 아픔이 아직 깊은 상처로 남아있는 교회였으며 열 분의 성도들이 주일 예배를 드리고 있었다. 도시 개척교회보다는 여유가 있으리라는 생각을 품고 내려왔지만 얼마 지나지 않아 이 생각은 우리만의 생각이었음을 알게 되었다.

성도들은 만날 때 마다 미안함을 표현하는 인사를 받았고 지역주민들의 반응도 젊은 부부가 왜 이 어려운 교회에 내려왔느냐고 묻기가 일 수 였다. 자존감을 상실한 교인들은 신앙생활을 함에 있어서 교회에 대한 아쉬움을 느끼고 있었다. 또 목회자에 대한 사랑의 마음은 있었으나 어찌할 수 없는 상황에 목회자를 향하여 미안해했던 것이다. 이처럼 개척교회의 한계와 아내의 건강 문제로 피난처가 되었던 농촌 교회의 목회도 각도만 조금 다를 뿐 이전 목회와 같은 고민을 그대로 지니고 있었다.

해남새롬교회에서의 목회는 성경 읽기, 새벽 예배와 심야 기도회, 제자훈련등을 중심으로 시작하였지만 곧 한계를 경험하게 되었다.

성경읽기는 아내와 권사님 세 분과 시작하였으나 3주를 넘어서면서 한글에 대한 부담을 느낀 권사님들의 불참으로 한 달이 안 되어 멈출 수밖에 없었고, 새벽예배는 한 분의 권사님과 우리 부부만의 시간으로 도시개척교회의 한계를 그대로 가지고 있었다. 권사님들의 요청으로 시작한 심야기도회는 한 달이 못되어 우리 부부만의 기도회가 되었다. 제자훈련은 생각만 하다가 시작도 하지 못하였다. 교인들은 교회를 향한 마음은 있었으나 지속적인 사역을 감당할 능력이 부족한 탈진의 상태였다. 이 탈진으로부터 벗어나 사역을 감당할 에너지를 찾아야 하는 숙제를 떠안게 되었다.

교회 안의 에너지를 찾음

아무것도 할 수 없을 것 같아 절망이 찾아 올 때, 우리 해남새롬교회는 어떤 자원이 있는지를 스스로에게 물으며 새로운 길을 찾기 시작했다. 그때 우리 권사님들의 음식 솜씨가 해남에서 자랑할 만 하다는 사실을 생각하게 되었다. 이 귀한 솜씨를 주님을 위한 에너지로 쓰임 받게 할 수 없는지를 생각하니 우리교회의 풍부한 에너지를 볼 수 있었다. 인적 자원이 부족하다고 생각했던 우리 교회에 새벽을 깨우며 한결같이 기도하시는 권사님이 계시고 해남에서 자랑할 만한 음식 솜씨를 갖고 계시는 권사님들이 계셨던 것이다.

좁은 예배당으로 공간의 부족함을 탓하던 나에게 교회 앞 고목들이 가득한 서림공원은 우리 해남새롬교회 앞마당이었고 군청 앞 해남광장은 우리 교회의 사역의 공간이었다. 물적 자원이 부족한 교회라 아무것도 할 수도 없다고 생각했던 우리 교회에 폐지와 같은 자원이 가득한 해남이 있었다.

　인적 자원의 부족, 공간의 부족, 물적 자원의 부족으로 인하여 사역을 할 수 없다고 말하던 우리 해남새롬교회에 풍족한 에너지가 흐르고 있었던 것이다. 이 풍족한 에너지를 깨달은 우리 해남새롬교회는 사명을 감당하기 위하여 12년 동안 폐지모으기 운동을 하였고, 이를 통해 1억 8천만 원을 마련하여 지역을 섬기는 일에 사용할 수 있었다. 이를 토대로 교인을 넘어 지역주민들이 참여할 수 있는 사역을 시작하였고, 지금은 지역의 뿌리를 둔 교회를 세워 나가고 있다. 교회 앞 서림공원과 군청 앞 해남광장은 공연, 바자회 등을 여는 우리 해남새롬교회 사역의 터가 되고 있다.

　현재는 〈새롬사회봉사단〉, 〈해남새롬가정봉사원파견센터〉, 〈꿈바라기 지역 아동센터〉, 〈(주)콩세알/해남초록가게〉, 〈해남푸드뱅크〉, 〈새롬경로식당〉, 〈해남재능기부센터〉, 〈해남공고 스쿨 처치〉 등 지역사회의 섬김이 역할을 감당하면서 지역사회의 부름에 응답하는 교회로 세워져 가고 있다.

　해남새롬교회에서의 목회도 지역의 부름에 응답하는 사역을 감당하면서 예배 회복을 위하여 새벽기도운동을 활발하게 진행하면서 멈추었던 심야기도회도 한 달에 한 번에서 매주 할 수 있는 교회가 되었다. 시작도 할 수 없었던 제자훈련도 지속적으로 이루어 가는 계기가 만들어지었고, 가정예배를 시작하면서 교인들 가정에서부터 하나님을 향한 영적 부흥을 이루어가게 되었다. 지역사회의 부름에 응답하는 교회로서 무료급식을 시작으로 하여 다양한 복지 활동 및 지역 운동을 실행하므로 지역사회 안에서의 교회의 사명을 감당하고 있다.

폐지를 줍다 사랑을 얻었다.

　해남으로 이사한 후 짐을 풀고 난 박스를 정리하여 교회 앞 길가에 내놓는 중이었다. 지나가시던 할아버지께서 한마디 말씀을 하셨다. 고물상에 가져다주고 아이들 아이스크림 사주시지 왜 그냥 버리느냐는 것이었다. 그래서 박스들을 봉고차에 다시 싣고 고물상에 가져가 판매하였더니 오천 원이라는 거금을 받을 수 있었다. 아이들에게 아이스크림을 사주고도 남는 돈이었다. 사실 이 일이 해남에서의 목회에 큰 영향을 끼치리라고는 이 때까지만 해도 생각하지 못했었다.

　한 주간을 보내면서 한 가지 생각이 들었다. 가진 것이 없어서 사역을 하지 못한다는 생각은 핑계에 불과하다는 것이었다. 하나님이 허락하신 것에서 최선을 다하면 해결되리라는 생각이 들기 시작했다. 이때부터 새벽 예배를 드린 후 봉고차를 끌고 읍내를 돌며 폐지를 줍기 시작했다. 차에 가득 폐지를 싣고 들어와 아침을 먹고 폐지와 쓰레기를 분리하고 정리하여 창고에 폐지를 모으기 시작했다. 지방교역자회의를 가면서도 길가에 박스가 보이면 차를 멈추고 아내와 박스를 주웠다. 어디를 가든지 박스가 보이면 마치 보물이라도 발견한 듯 신나게 움직였다. 한 주간 부지런히 움직여 폐지를 모은 후 주일 오후 권사님의 트럭을 빌려 고물상에 판매하기를 한 달간 하고 나니 20여만 원의 돈이 모아졌다. 이를 주보에 광고하며 성도들과 함께 이웃을 섬기는 교회를 꿈꾸기 시작하였다.

이 때에 목수 일을 하시던 권사님께서 자신이 헌금은 많이 못해도 이 일은 할 수 있겠다고 하시면서, 퇴근하고 저녁 시간에 트럭으로 읍내를 돌며 폐지를 모아 교회 마당에 모으셨다. 성도들은 집에서 버리던 폐지를 모아 교회에 올 때 가져오기 시작했고, 이렇게 마련된 재정으로 독거어르신 반찬배달 서비스와 매주 토요일 무료급식을 시작할 수 있게 되었다.

이 소식을 들은 지역의 학원에서도 교재를 바꿀 때마다 아이들이 사용한 교재를 모아 가져다주었고, 변호사 사무실이나 통계청 등에서는 책, 신문, 박스 등의 폐지를 모아 우리 교회에 연락을 주어 기증을 하였다. 그러던 중 지금은 소천하신 노 권사님의 헌금으로 70만원으로 중고 트럭을 구입하여 본격적으로 사역을 하게 되었다. 이렇게 시작된 폐지 모으기 운동으로 10년 동안 1억 8천만 원의 재정을 확보하였고, 지역사회를 섬기는 다양한 사역을 감당할 수 있었다. 할아버지 한 분을 통해 주신 하나님의 지혜와 인도하심이 참으로 놀라운 역사를 이루게 하였던 것이다.

새롬사회봉사단

우리 교회 앞에는 서림공원이라는 좋은 공원이 있다. 수십 년 전부터 지역의 고등학생들이 수학여행을 떠날 때면 모이는 곳이기도 하고, 지역 어르신들의 쉼터가 되기도 하는 공원이었다. 처음에는 아내와 함께 냉커피를 준비하여 어르신들께 한 잔씩 따라드리는 나눔을 하였었다. 그러다가 월요일부터 금요일까지는 복지관에서 점심을 드시지만 토요일은 점심을 거르시는 분들이 많다는 사실을 알게 되었고, 교회 앞 서림공원에 어르신들이 계시다는 것이 하나님께서 우리에게 맡기신 사역임을 깨닫게 되어 '사랑의 점심 나누기' 사역을 준비하게 되었다.

먼저 교인들과 함께 〈새롬사회봉사단〉을 조직하여 봉사에 대한 관심이 있는 지역주민들도 교회에서 하는 일이라는 부담 없이 쉽게 참여할 수 있도록 하였다. 교회 형편 상 한 달에 한 번 운영하기로 했었는데, 토요무료급식 첫날 나오신 어르신들의 호의적인 반응에 놀란 교인들이 매월 둘째 주와 넷째 주 두 번을 하자고 건의하게 되었다. 무료급식이 시작된 이후 급식에 오시지 못하는 어르신들을 위해 건강한 어르신들이 식판을 들고 이웃 어르신 가정에 다녀오시는 것을 자주 보게 되었다. 급식에 나오실 수 있는 분들은 그나마 다행이라는 사실을 깨닫게 되었다. 그래서 거동이 불편해서 급식에 나오시지 못하는 어르신들과 장애우들에게도 도시락 반찬을 배달하기 시작하였다.

이렇게 시작한 〈도시락반찬배달서비스〉는 해남군에 건의하여 해남의 독거어르신들을 위한 반찬배달서비스가 되었다. 지금은 해남군의 모든 읍면에서 이루어지고 있는 복지사업이다. 우리 해남새롬교회에서 시작하고 건의한 사역이 해남군의 소중한 복지사업으로 자리 잡은 것이다. 매월 두 번 운영하던 무료급식을 1년 6개월 시행한 이후 매주 토요일로 확대하여 운영하게 되었다. 8년이 지난 후 해남군에 무료급식소로 등록하여 군 보조금으로 〈새롬경로식당〉을 운영하게 되었다.

무료급식을 통해 시작된 〈새롬사회봉사단〉은 경로식당과 반찬배달 서비스를 위한 자원봉사활동을 토대로 하여 〈독거어르신 생일상 차려드리기〉와 〈사랑의 바자회 자원봉사〉 및 노인의 날 행사 등 지역의 다양한 활동에 적극적으로 참여하는 봉사단이 되었다.

해남 새롬 가정 봉사원 파견 센터

초고령 사회에 들어선 지역의 특성상 사역의 주된 내용은 노인을 위한 복지에 맞춰졌다. 〈노인돌보미사업〉, 〈방문목욕〉, 〈방문요양〉 등의 활동으로 발전되었다. 사역을 시작하게 된 계기는 교인들과 지역주민들의 일자리 창출의 목적도 있었다. 그러나 지역 특성상 노인이 많기 때문에 지역사회가 돌보지 못하는 노인들을 돌보면 좋겠다는 생각에서 시작되었다.

〈가정봉사원파견센터〉를 만들기 위해서 교인들과 함께 해남에서 순천을 오가며 가정봉사원 교육을 이수하고 가정봉사원 자격증을 취득 한 후, 군청에 신고절차를 걸쳐 〈해남새롬가정봉사원파견센터〉를 운영할 수 있게 되었다. 그런데 〈해남새롬가정봉사원파견센터〉를 운영하게는 되었지만 사실 활동을 시작할 수는 없었다. 군에서는 예산문제로 보조금 지급이 어렵다고 하였고, 교회 예산으로는 본 센터를 운영할 재정을 마련하기가 어려웠다.

이제 어떻게 해야 하는지 난감해 할 즈음 '노인돌보미'라는 국가사업이 시행되었다. 기초단체에 가정봉사원파견센터가 설립 된 지역은 자활

센터와 더불어 사업의 50%를 수행하도록 규정이 되어 있었다. 사업에 필요한 교육과 준비를 위하여 천만 원의 예산도 배정되었다. 이제 10명의 가정봉사원과 한 명의 사회복지사를 고용하여 사업을 시작할 수 있게 되었다.

이후 요양보호제도가 실시되면서 '노인돌보미' 사업과 함께 방문 요양과 방문목욕을 함께 하는 〈새롬재가복지센터〉를 운영할 수 있었다. 교인과 지역주민들을 위한 일자리 창출 및 독거어르신들을 섬기는 지역사회복지에 교회가 참여하게 되었던 것이다. 이를 통해 대상자 어르신들을 방문하여 건강을 위하여 기도하고 더불어 복음을 전하는 기회가 마련되었다.

꿈바라기지역아동센터

해남에서 목회를 시작 하면서 2학년이 된 큰 딸아이를 전학시켜야 했다. 당시 전학 온 초등학교에는 도서관이 마련되어 있지 못한 상황이었고 독서지도도 이루어지지 않고 있었다. 과거 〈한우리 독서교실〉 강사 교육을 받았던 경험을 살려 지역 어린이들을 위한 독서지도를 시작하였다.

독서교실 현수막을 걸고 매주 수요일 5시에 모여 한 시간의 독서 지도를 시작하였다. 우리 아이를 포함하여 세 명의 초등학생이 참여 하였다. 그 중 초등학교 1학년 아이 한 명이 학교를 마치고 1시부터 교회에 와서 5시까지 혼자 노는 모습을 보게 되었다. 집에 갔다가 5

시에 오라고 하였더니 집에 가도 아무도 없다며 그냥 교회에서 놀면서 기다리는 것이었다. 그래서 간식을 챙겨 주고 함께 놀아주게 되었고, 우리 마을에 지역아동센터가 필요함을 느끼게 되었다.

아이들을 위한 공간이 없었던 우리 교회로서는 난감한 일이었다. 예배당 의자를 한쪽으로 옮기고 아이들이 활동할 수 있는 공간을 만들었고 사택을 개방하여 아이들을 돌보기 시작하였다. 아이들의 참여가 조금씩 늘어나면서 지역아동센터를 운영하기 위한 공간의 필요성을 인식하게 되었다. 작은 건물이라도 매입하여야겠다는 생각을 품고 지역 신문을 살피며 적당한 장소를 찾기 시작했다. 놀라운 것은 지역아동센터를 위해 공간을 마련하겠다는 생각만 있었을 뿐, 그때 내 손에는 단돈 만원도 없었다는 사실이었다.

이렇게 공간을 찾던 우리는 교회 앞 삼각형 모양의 땅에 지역아동센터를 건축하기로 하고 농협에서 대출을 받아 32평의 지역아동센터 공간을 건축하였고, 해남군에 지역아동센터 설치 신고를 할 수 있었다.

〈꿈바라기지역아동센터〉는 방과 후 학습지도, 간식과 석식을 제공하며 지역사회 아이들과 함께하는 아동복지기관으로 독서지도, 체험학습, 탐방, 캠프, 악기지도와 미술지도, 상담 등 다양한 교육과 돌봄의 활동을 하고 있다. 이를 통해 지역아동들에게 다양한 혜택을 제공하는 교회의 역할을 감당하고 있다.

〈꿈바라기지역아동센터〉를 통해 교회학교가 활성화 되는 계기가 되었고, 지역 내 초등학교의 방과 후 교실을 위탁 운영하면서 지역

학교와 교류하는 기회를 갖기도 하였다. 〈해남교육네트워크〉와 〈해남군지역아동센터연합회〉에 참여하여 지역 사회의 다양한 기관들과 연대하는 계기가 되었던 것이다.

(주) 콩세알 초록가게

지역사회의 부름에 응답하는 사역을 감당하면서 우리 해남새롬교회는 매년 11월 첫 주 토요일에는 군민광장에서 정기적으로 사랑의 바자회를 열었다. 바자회 후에 남은 물품들을 활용할 계획을 생각하던 중 기독교 환경운동연대와 협력하여 초록가게를 운영하는 교회들을 알 게 되었고, 일산 백석교회의 초록가게를 탐방하여 우리 교회에서도 초록가게를 운영하게 되었다.

처음에 우리 교회의 초록가게는 12평의 작은 공간을 임대하여 시작하였다. 교인들이 순번을 정하여 자원봉사를 하며 헌옷과 가방을 판매하는 일을 감당하였다. 그러나 자원봉사만으로는 초록가게를 운영할 수 없다는 한계를 경험하였다. 고민하던 중 〈사회적기업지원센터〉를 통하여 사회적 기업이라는 제도를 알게 되었다. 그래서 전남 사회적 기업 지원센터가 운영하는 사회적 기업 아카데미에 참여하여 사회적 기업에 대한 공부를 하였다. 초록가게의 원활한 운영을 통해 지역 사회에 공헌하기 위해서는 다양한 사업을 펼칠 수 있다는 사실을 지역의 젊은이들에게 보여 줄 필요가 있었다. 그래서 상법상의 주식회사로 〈(주)콩세알〉을 설립하여 전남형 예비 사회적 기업으로 활동하기 시작하였다.

초록가게는 전국적인 네트워크를 형성하고 있는 교회가 지역 사회와 함께 할 수 있는 소중한 사역이다. 서울, 인천 등 도시교회와 성도들로부터 다양한 물품을 기증 받아 지역 사회에 순환시키는 소중한 일이 이루어지고 있다. 또한 사랑의 바자회를 통해 시작된 초록가게는 현재 지역 주민들의 적극적인 물품 기증으로 활발히 이루어지고 있다.

〈(주)콩세알 초록가게〉는 현재 예비 사회적 기업 2년차를 마친 후 자립하여 운영되고 있다. 국가 지원을 받을 당시는 다섯 명의 직원이 함께하였지만 지금은 두 명의 직원과 자원봉사자들의 참여로 활동하고 있다. 지역 주민들은 단지 헌 옷뿐 아니라 책, 가구, 전자제품 등 다양한 재활용품을 기증해 주었고, 도시교회 성도들도 참여하여 다양한 면모를 갖출 수 있었다.

특히 〈(주)콩세알 초록가게〉는 해남지역의 특산물인 밤호박, 고구마, 절임배추 등 농수산물을 도시교회를 통해 판매하여 좋은 농수산물을 도시로 공급할 뿐만 아니라 도시와 농촌간의 연대를 활성화할 수 있었다. 초록가게의 수익금은 지역 청소년들을 위한 장학금과 선교 사역에 사용되고 있다.

〈(주)콩세알 초록가게는〉 교인들의 일자리를 창출하여 지역을 섬김에 있어 필요한 재원들을 마련하는 등 기업으로서의 수익성 있는 사역을 전개하게 되는 발판이 되었다. 더불어 재활용품 순환을 통하여 지역환경운동으로 자리잡고 있을 뿐만 아니라, 다문화 가정과 외국인 노동자들의 삶의 공간이 되고 있다. 지역의 가치 있는 소중한 자산으로 자리 잡고 있다.

해남푸드뱅크

　푸드뱅크에 대한 인연은 감리교에서 운영하는 〈인천동구 푸드뱅크〉에 자원봉사로 참여하면서부터였다. 자원봉사 참여를 통해 푸드뱅크 활동의 중요함을 알고 있었기에, 해남에서 목회를 시작하면서 제일 먼저 문을 두드린 곳이 〈해남푸드뱅크〉였다. 당시 〈해남푸드뱅크〉를 운영하던 〈해남자원봉사센터〉를 찾아 푸드뱅크에 대한 관심을 이야기 나눴고, 자원봉사자로 참여하면서 무료급식에 물품을 지원 받기도 하였다.

　그러나 인천에서 푸드뱅크에 참여한 경험을 갖고 있었기에 해남푸드뱅크의 활동은 정말 작게만 느껴졌고 아쉬움이 있었다. 그러던 중 2년 전 어느 날 자원봉사센터에서 주관하는 자원봉사기관 간담회에 참여하였다가 해남푸드뱅크가 폐쇄 됐다는 소식을 듣게 되었다. 작게나마 운영되던 푸드뱅크 활동마저 폐쇄 되었다는 사실이 마음 아팠다.

　푸드뱅크는 주변에서 식품을 기부 받아 결식아동, 독거노인, 사회복지시설 등에 지원하는 서비스이다. 해남푸드뱅크의 운영이 원활하지 못하여 폐쇄된 것을 우리 교회가 다시 세워야한다는 생각으로 푸드뱅크의 설치 신고를 접수하게 되었다. 현재는 우리 교회만이 운영하는 푸드뱅크가 아니라 지역 내 교회와 목회자 및 사회단체와 함께 푸드뱅크 자원봉사자 팀을 구성하여 운영하고 있다.

　푸드뱅크 사역은 도시가 아닌 지방이라는 점과 군이라는 작은 기초단체의 푸드뱅크라는 점에 있어 식품 기부에 어려움이 있지만 지역 의 작은 도소매점들이 함께 하며 소중한 기관으로 만들어가고 있다. 또한 교회와 〈재가복지센터〉 등 지역사회에 관심을 둔 자원봉사자들의 참여 덕분에 이제 1년 6개월이라는 짧은 기간의 운영 기간이지만 탄탄한 사역으로 자리 잡아 가고 있다.

〈해남푸드뱅크〉 사역을 하면서 행복한 것은 소외된 이웃과 사회복지시설에 필요한 물품을 공급한다는 사실과 따뜻한 마음과 행동의 지역 사람들을 만난다는 것이다. 현재는 〈해남신문〉과 함께 사랑 의 우체통을 운영하는 등 지역과 함께하는 기관으로 만들어 가고 있으며 〈해남재능기부센터〉의 기초가 되고 있다.

새롬경로식당

교회 앞 서림공원에는 언제나 어르신들이 나와 계신다. 지역의 복지관은 월요일에서 금요일까지는 급식을 하고 있고, 주일은 교회마다 급식이 이루어지는데 비해 토요일은 어르신들 급식이 진행되지 않는 상황이기 때문에, 우리 교회에서는 토요 무료 급식을 진행하게 되었다.

2004년 7월 교회 앞 서림공원에서 시작된 무료 급식은 2009년경 공원 공사가 시작되면서 교회에서 급식을 하게 되었다. 2013년 9월부터 해남군으로부터 경로식당으로 인정을 받아 군 지원을 통하여 급식이 이루어지고 있다. 평균 50-70여분의 어르신들이 급식에 오셔서 식사를 해결하고 계신다. 어르신들의 건강의 기초는 식생활이다. 이것이 제대로 이뤄질 때 어르신들의 건강이 가능하며, 어르신들이 건강하실 때

지역사회는 건강해 질 수 있다.

경로식당에서 식사를 하시던 한 할아버지께서 장기간 오시지 않아 걱정이 되었다. 그런데 그 할아버지께서 돌아가셨다는 소식을 듣게 되었다. 그 후 할아버지의 아내 되시는 할머니께서 교회에 나오시게 되었는데, 어떻게 우리 교회에 나오시게 되었는지 여쭈어 보았더니, 대답하시기를 할아버지께서 6개월 전 병으로 광주 병원에 입원하셔서 광주에서 병간호를 하셨는데 돌아기시기 전 할머니께 "자네는 새롬 교회에 나가게, 내가 교회에 신세를..."하시며 유언을 남기셨단다. 지금도 할머니께서는 폐지를 주우며 생활하시면서도 교회에 출석하셔서 함께 하고 계신다. 경로식당이 어르신들에게 어떤 의미인지를 알 수 있었던 일화였다.

뿐만 아니라 경로식당은 학생, 주부, 공무원 등 지역 주민들에게 자원봉사자로 활동 할 수 있는 소중한 기관으로 자리 잡아 가고 있다. 어르신뿐만 아니라 지역주민들에게 사랑방의 역할을 감당하고 있다.

해남재능기부센터

〈해남재능기부센터〉는 〈해남신문〉과 사랑의 우체통 운동을 하며 구체적으로 준비하여 시작한 사역이다. 재능기부는 할 수 없는 사람도 없으며 필요로 하지 않는 사람도 없는 운동이란 생각으로 교회가 터미널 역할을 감당할 수 있는 적임자라는 생각에서 시작하게 되었다.

재능기부운동을 준비하면서 타 지역 재능기부 운동을 전개하는 분들을 초청하여 대화를 나누고, 재능기부 현장을 방문하여 현장에서 이루어지는 일을 경험하는 기회를 먼저 가졌다. 또한 지역 언론과 연대하여 진행하며 그 효과를 더하고 있다. 재능기부 운동은 터미널 역할을 감당하는 일이라 특별한 준비를 필요로 하지 않는다. 전화와 봉고차만 있다면 도시와 농촌 어디든지 지역을 넘어 감당할 수 있는 사역이다.

재능기부운동의 몇 가지 실제적인 사역을 소개한다면 대표적으로 〈독거어르신생신잔치〉를 말할 수 있다. 한 달에 한번 생신을 맞이하신 어르신 가정에서 생신 잔치를 베푸는 일이다. 지역의 마트에서 과일과 음료수를, 지역의 제과점에서 케이크를 후원하고, 두 분의 경로식당 자원봉사자께서 선물과 떡을 후원하셔서 생신상이 차려지고 있다. 생신잔치는 우리 지역아동센터 친구들이 어르신의 생신날 방문하여 생신축하 노래를 불러드리고 어르신의 어깨를 주물러 드린 후, 제가 건강을 위하여 기도하는 것으로 진행하고 있다. 아무도 생각하지 않은 자신의 생일을 기억해 주는 이웃들이 있다는 것으로 어르신들은 행복한 미소와 눈물을 흘리신다.

또 하나의 활발한 재능기부운동은 사랑의 우체통을 알리기 위한 재능기부 공연이다. 지역의 모실장이 열릴 때 또는 바자회가 열릴 때에 해남공원, 서림공원 등에서 재능기부 공연을 하는 것이다. 지역의 예술인들과 다양한 재능을 가지고 있는 평범한 이웃들이 자신의 시간과 재능을 내어 참여함으로 그 멋을 더하고 있다.

사실 재능기부운동은 없는 것에서 무엇을 하는 일이 아니라 자신이 직업, 재능 등에 이웃을 위한 숟가락 하나를 올려놓는 마음에서 출발할 수 있어 그 참여가 쉬우며 큰 의미를 세울 수 있는 사역이다.

스쿨처지 운동

중고등학교 내의 기독 학생들이 스쿨처치 운동을 활발하게 전개하고 있으나 지도자와 후원자가 없어 어려운 상황이었다. 해남에서도 한 고등학교에서 지난 해 3월부터 스쿨처치운동이 활발하게 이루어지는 학교가 있었으나 예배인도의 어려움을 느끼던 중 친구들의 요청으로 참여하여 말씀을 전하게 되었다. 이후 설교자로 지속적으로 참여하게 되었고 우리 교회는 간식을 준비하여 스쿨처치의 후원교회가 되었다.

학교 내에서 금요 예배가 활성화 되면서 지금은 45-50여명의 친구들이 모여 예배하고 있다. 지방 내의 전도사님이 찬양인도자로 참여하여 오다가 지금은 학생들이 찬양단을 조직하여 함께하고 있으며, 나는 여전히 설교자로 섬기고 있다. 교회에서 주보와 간식을 준비하고 함께 하시는 두 분의 선생님과 긴밀하게 사역을 감당하고 있다.

한 학교만의 스쿨처치 운동이 아니라 지역 기독학생들의 신앙 운동으로 자리해 가고 있으며, 분기별로 우리 교회에 모여 연합 집회를 드리고 있다. 지난해 여름에는 해남스쿨처치 친구들이 스스로 수련회를 기획하여 진행하였으며 올해 초에는 해남스쿨처치의 각 학교 임원들이 모여 임원수련회를 갖기 시작하여 2월에는 찬양집회를 준비하고 있다.

해남에서의 기독학생운동은 새로운 신앙운동으로 전개되고 있다.

청소년에게 꿈을 심어라.

지역아동센터에서 아이들을 직접 지도할 때의 일이다. 육교를 설명하는 문제였는데 아이가 육교를 알지 못했다. 생각해 보니 해남에는 육교가 없다. 이 아이는 아직 육교를 보지 못했던 것이다. 육교가 왜 필요한지도 몰랐다. 이 아이에게는 육교란 전혀 의미가 없는 일이었다. 이 아이에게 육교를 보여주고자 시작한 사역이 '비전트립'이었다.

우리 교회 첫 비전트립은 준비 없이 학생부 아이들과 인천에 다녀오는 것이었다. 봉고차로 아이들과 함께 인천에 올라가 부모님 댁에서 하룻밤 자고 인천공항, 롯데월드, 숭의교회 등을 둘러보는 일이었다. 인천공항에서 수없이 뜨고 내리는 비행기를 보고, 롯데월드에서 한 시간을 기다리며 놀이기구를 타고, 숭의교회를 둘러보았다. 지금은 청년이 되어 도시에서 살아가는 한 아이가 숭의교회 본당에 들어가 보고는 "목사님, 축구해도 되겠어요."라고 하던 말이 아직도 기억되고 있다.

우리 아이들이 자신의 꿈을 깊고 넓게 꾸는 사람들이 되기를 원한다. 열심히 공부를 하고 실력 있다는 말은 듣지만, 왜 공부하는지, 무엇을 하며 살아야 할지를 모르는 아이들이 많다. 이러한 아이들에게 더 넓은 세상을 경험하도록 도와주어야 한다는 생각에 비전트립을 준비하여 매년 실천하고 있다. 물론 비전트립은 우리 교회 아이들만이 아니라 지역의 청소년들이 함께 할 수 있도록 문을 열어놓고 있다.

준비 없이 시작되었던 인천 비전트립에서부터 서울 비전트립 1회, 강원도 스키캠프 2회, 필리핀 선교비전트립 3회, 일본 비전트립 1회, 미국 비전트립 1회까지 9회에 걸쳐 비전트립을 진행해오고 있다. 이제는 대학생이 되어 선교사를 꿈꾸는 아이도 있고 유학중인 아이도 있으며, 구체적으로 자신의 꿈을 이야기하면서 유학을 준비하는 아이들도 있다. 비전트립을 통해 우리 아이들에게 해남이 땅 끝이 아닌 시작의 땅임을 보게 되어 행복하다.

목회자의 지역사회 활동 참여

교회가 다양한 사역을 감당하면서 지역사회로부터 교회와 목회자에게 참여의 기회를 요청 받는 일들이 많아졌다. 〈지역아동센터〉를 통해 〈해남군지역아동센터연합회〉, 〈해남교육네트워크〉, 〈해남청소년지원센터〉의 운영위원이나 임원으로 활동하며 지역 아동 복지와 교육에 함께 참여하는 기회를 만들어 갈 수 있게 되었다. 〈해남가정봉사원파견센터〉를 통해 〈건강보험공단 요양센터〉 운영위원 으로, 〈재가복지센터연합회〉에서 활동하며 지역 노인복지와 교육에 함께 참여하는 기회가 늘어 가고 있어 고령화 사회에 어르신들을 대상으로 한 사역을 열어가고 있다.

〈(주)콩세알 초록가게〉를 통해 지역경제 활동에 참여하게 되어 지역공동체에 파트너로 참여하는 기회가 되었다. 경로식당을 통해 지역 섬김의 역할과 자원봉사의 자원을 찾을 수 있는 기회가 마련되고 있다. 또한 〈해남푸드뱅크〉와 〈재능기부센터〉를 통해 지역사회와 소통하는 귀한 기회를 얻어 지역 분들로부터 우리 교회 우리 목사님이라는 말을 듣기도 한다. 스쿨처치운동과 비전트립을 통해 지역 청소년들에게 꿈을 심는 활동을 감당하게 되어 행복한 모습으로 지역사회에 호흡하고 있다.

〈해남읍 지역사회보장협의체〉 공동위원장, 〈해남종합사회복지관〉 운영위원, 〈해남교도소〉 교정위원, 해남읍 복지위원 등 지역의 다양한 기관의 운영에 참여하여 지역의 고민을 함께 나누고 지역의 필요성과 교회를 향한 부름에 응답할 수 있는 기회가 많아지고, 지역에 그리스도의 계절을 여는 활동을 감당하고 있다.

〈해남신문〉 독자위원회 위원장으로 참여하면서 지역의 다양한 언론과 지역 사회의 고민을 함께 나누게 되었다. 그리스도인들이 비추어야 할 세상을 알아가고 지역사회에서 교회의 역할을 다시 세워가고 있다. 다양한 활동을 통해 〈해남 보건소〉 신우회 등에서 말씀을 전할 기회를 얻었고, 다양한 지역의 활동에 목회자로 참여하게 되어 지역사회 속에서 기독교적 가치관을 실천할 수 있는 좋은 기회를 얻고 있다. 이는 지역의 부름에 응답하며 하나님의 나라를 세워가는 교회의 모습을 실천하는 기회가 되고 있다.

사역의 성과

지역과 함께 하는 다양한 사역은 교회가 지역사회와 한 식구라는 사실을 교인들이 함께 인식하면서 비롯되었다. 우리 교회 목회는 자연스럽게 해남군을 대상으로 한 목회가 되었다. 어느 기자가 물어본 적이 있다. "해남새롬교회가 다양한 사역을 감당하시는데, 교인은 몇 명이나 모이시나요?" 이 때 내 대답은 "제가 목회하는 우리 해남새롬교회의 교인은 교회 안의 150명의 교인과 교회 밖의 3만 명의 해남읍민 모두입니다."였다. 기자는 웃으며 고개를 끄덕였다.

교회가 지역사회를 걱정하던 시대에서 이제는 지역사회가 교회를 걱정하는 시대가 되었다고 한다. 지역사회를 선도해야 할 교회가 지역사회의 걱정이 되었다는 이 말은 이 시대의 목회자인 내 삶에도 경종을 울리고 있다. 이러한 때에 교회에 대한 인식을 걱정에서 희망으로 바꿀 수 있는 기회가 된 것이 우리 교회의 첫 번째 성과로 교회가 지역사회의 든든한 버팀목이 되게 한 것이다.

두 번째 성과는 성도들로 하여금 구원 받은 사람의 삶에 역할을 깨닫게 하는 기회가 되어 진정한 신앙생활에 대한 생각을 품고 자신의 삶을 감당하게 한 것이다. 삶과 분리 된 종교생활이 아니라 믿음의 온전함을 회복하게 하여 살아 있는 신앙생활을 감당하게 한 것이다.

교인 및 주민들의 반응

교회와 목회자에 대하여 미안함을 표현하며 자존감을 묻어두었던 신앙생활이 자존감을 찾는 기회가 되었다. 교회의 역할이나 목회자에 대해 자신들의 몫을 감당하지 못하여 미안하다는 마음이 바뀌어 교회의 자존감을 회복하게 되었다. 특별히 우리 교회가 지역사회를 섬기는 교회가 되었다는 사실에서 해남새롬교회 교인이라는 사실을 자랑스럽게 생각하게 된 것이다.

이웃 주민들은 교회가 교회 건축을 위하여 폐품을 모으는 것은 봤어도, 무료급식 등 지역 사회를 섬기기 위해 작은 교회임에도 적극적으로 참여하는 것은 처음 보았다면서 교회에 대한 호의적인 반응을 보였다. 지역의 섬기는 네트워크 구성이나 협동조합학교, 해남 평화비 건립 등 다양한 지역활동에 교회의 참여를 요청하기도 하며, 교회를 지역 사회의 소중한 일원으로 받아 주어 교회와 목회의 가치를 깨닫게 하고 있다.

앞으로의 전망과 계획

우리 해남새롬교회는 가장 지역적인 교회가 되기를 원한다. 많은 교회들이 세계적인 교회를 꿈꾸는 시대에 무엇이 가장 세계적인 교회인가? 교회가 속한 지역사회를 섬기는 섬김이 가장 큰 선교이며 세계적인 교회라 생각하며 목회하고 있다.

지역의 다양한 사람들의 아픔과 필요를 찾아 함께 호흡하는 교회가 되어 가기를 꿈꾸며 어린 아이들에서부터 노인에 이르기까지 지역 사람들의 삶의 자리에서 함께 살아가는 목회, 지역을 향한 사랑과 생각을 멈추지 않은 목회를 일구어 가고 있다.

사실 지금까지의 목회의 여정에서 내가 먼저 준비되었거나 철저한

계획을 통하여 먼저 시작된 사역은 없었다. 할아버지 한 분의 말씀으로 시작된 폐지 모으기가 1억 8천이라는 귀한 사역의 기초가 되었고, 교회 앞 공원의 어르신들이 계셔서 급식이 시작되었으며, 1시부터 기다리는 한 아이로 말미암아 지역아동센터가 시작 되었으니, 하나님께서 지역을 향하여 사랑을 품고 고민할 때 지혜로 인도하셨음을 알 수 있다.

이렇게 여기까지 왔으니 앞으로의 방향도 생각 가운데 일하시는 하나님께서 보여주실 것이라 믿는다. 나의 부족한 삶이나 지혜에서 시작되는 사역이 아닌, 하나님의 인도하심과 능력으로 경험되는 목회가 나의 전망이며 계획일 뿐이다.

Chapter 03

우리 동네 하나님 나라, 착한 동네
박훈서 목사 (군산행복한교회)

이메일 : ariul0191@naver.com
카카오ID : piaoluya
페이스북 : facebook.com/goodcrosstown
홈페이지 : blog.naver.com/ariul0191

1. 교회 가는 길을 묻다

교회 어디로 가나요?

할아버님 추도식으로 모처럼 가족들이 다 모인 자리에서 한 조카가 목사인 삼촌에게 질문을 했단다. "삼촌도 담임목사야?" "응. 삼촌이 개척해서 교회에 목사가 나 혼자니까 담임목사지." 그 다음에 들은 말이 꽤나 충격적이었다. "그러면 삼촌이 교회 헌금 다 가져가겠네." 목사님은 그런 것이 아니라는 설명을 하는데 진땀을 뺐단다. 인터넷을 통해 접한 교회의 분쟁과 비리, 사회적 문제를 일으킨 기독교인들의 사건 기사를 들어 조목조목 반문하는 조카의 질문에 응수하면서 "원래는 그러면 안 되는데 잘못된 거야."라는 대답으로 얼버무리고 말았단다. 아마도 다녔던 교회에 불만을 갖고 십 수 년 동안 교회출석을 하지 않는 부모님에게서 들은 이야기가 한 몫 하지 않았을까 추측한다. 교회와 목회자, 기독교인에 대한 이와 같은 냉소적인 반응은 이제 더 이상 특별하고 이상한 반응이 아니게 되었다.

나는 어린 시절 친구들과 서울 대림동 뚝방에서 한참 놀다가 길을 잃은 적이 있었다. 지금 와서 생각해보면 하천을 따라 길게 늘어진 길을 따라 되돌아오면 되는데 그 때는 그 생각을 못했다. 한참 뒤에 둘러보니 전혀 보지 못한 낯선 동네모습에 덜컥 두려움을 느꼈다. 동네로 내려가 아무리 휘젓고 다녀도 기억하는 우리 동네 모습이 나오지 않았다. 그때 생각했던 것이 내가 다니는 교회였다. 집에서 뚝방 방향으로 한참 가다보면 우리 가족들이 다닌 충신교회가 있었다. 교회만 찾으면 우리 집 찾는 것은 문제도 아니었다. 그래서 주변의 어른들에게 충신교회로

가는 길을 물었다. 주택들만 밀집해있던 동네 골목에서 집들의 덩치에 가려 볼 수 없었지만, 만나는 어른들 모두 "아하, 거기 그 교회" 하시며 가는 길을 알려주셔서 안심했던 기억이다. 나는 교회를 찾은 다음에 친구들에게 "이게 우리 교회다" 하고 큰 소리로 자랑하며 앞장서서 집에 돌아왔다.

어린 시절 고만고만한 세상 속에서 살던 나에게 교회는 오가는 길의 중심이었고 친구들에게는 자랑이었다. 형편이 어려운 친구들을 데리고, 밥과 간식을 먹으러 다녔고 연극과 찬양을 하고, 악기를 연주할 수 있는 꿈같은 세상이었다. 직접 가면을 만들어 쓰고 북을 치고 이 동네 저 동네를 다녀도 부끄럽지 않고 재밌고 자랑스러웠다. 그냥 어렸기 때문일까?

초행길인 어느 지역 교회에 특강을 부탁받고 길을 찾지 못해 행인에게 교회 가는 길을 물어봤더니, "글쎄요, 교회는 잘 모르겠는데요. 교회가 워낙 많아서요."라는 대답을 들었다. 속으로 '그렇겠지.'하면서도 내가 괜히 서운했다. 한참 지난 지금 "교회가 너무 많아서 교회 가는 길을 모르겠다."는 그 말에 담긴 속뜻을 알아차린 걸까, 생각해보니 그 서운함은 어쨌든 나의 이 교회 가는 길에 대한 고민을 쉽게 멈출 수 없게 만들었다.

교회 개척의 고통

9년 동안 중국의 선교사생활을 마치고 귀국하여 군산이란 중소도시에 교회를 개척, 설립하게 되었다. 선배 목회자들에게 들은 바로는 교회가 부족한 곳이라는 정보가 있었기에 또 다른 선교지라 여기고, 생면부지연고도 없는 군산에서 개척을 결심했다. 모든 준비가 해외에서 이루어졌기에 사전 답사도 없었던 나는 지방회 서류를 마치고 곧바로 해외이사를 했다. 개척 처음부터 난관에 부딪혔다.

낡은 예배당 건물을 인수받아 개척을 할 수 있어서, 이왕이면 개척하는 것인데 이사 전에 낡은 예배당을 리모델링하고 싶었다. 내게는 꽤 큰 돈을 통장 째 한국에 계신 아버님께 맡기고 공사를 부탁드렸다. 아버지께서도 군산은 연고지가 아니었기에 지역의 목사님 소개로 어느 교회 집사라는 업자들을 만나 공사를 맡겼다. 그를 믿고 건축비를 지불했지만 실제 일한 일꾼 누구도 제때 돈을 받지 못했다고 했다. 그리고 업자는 연락을 끊고 잠적했다. 귀국 후 새 건물 같은 교회당에 들어가 목회만 하면 될 줄 알았던 나를 기다린 것은 여러 장의 내용증명 서류들과 빚 독촉하는 일꾼들이었다. 여기 저기 도움을 받아 해결을 하고 숨을 돌렸지만 아내와 아들 딸 네 식구로 시작한 교회개척은 시작부터 생각보다 훨씬 어려웠다.

귀국해서 너무 놀라운 현실을 보게 되었다. 군산은 감리교회가 적을 뿐이지 도처에 교회들이 즐비한 곳이었다. 지역인구 27만명 대비 교회가 600여개가 넘고, 한국에서 기독교인구가 제일 많은 지역으로 소문이 나 있었다. 거리 전도를 나가도 기독교인들이 격려보다는 오히려 "이렇게 많은데 또 교회가 생겼냐고" 핀잔을 주기 일쑤였다. 많은 교회들이 멋진 상품들로 무장한 열띤 전도행사 경쟁을 벌였다. 우리 가족 네 식구로 시작 해 겨우 한 사람 한 사람 채워가도 우리 교회로 전도된 알콜 중독 할머니도, 수급자 가정들도 봄, 가을만 되면 빠져나갔다. 1년에 두 번 이상은 총동원전도 행사들로 접근하는 타교회 전도단들이 심약한 우리 교인들의 마음을 흔들어 놓았다. 그래도 어린이들, 청소년들에 대한 열정이 있었기에 아이들을 위한 예배와 활동은 포기할 수 없었다. 교회당 한 편에 사택공간을 마련해 지내면서 남은 돈을 탈탈 털어 승합차를 구입한 것도 그 이유에서였다.

하지만 힘겹게 준비한 승합차량을 1년이 안되어 도난당했다. 주일 아침에 차량운행을 위해 교회 앞에 나갔는데 전날 주차한 차량이 없어졌다. 신고하고 출동한 경찰은 우리나라가 CCTV가 잘되어서 80%는 찾을 수 있으니 걱정 말라고 위로했다. 그 위로를 믿고 몇 주를 기다리던 차에 저녁 뉴스시간에 내 차에 대한 소식을 들을 수 있었다. 차량전문털이범 일당이 서천, 장항, 군산 일대를 다니며 차를 훔쳤는데 그 일당이 붙잡혔다는 소식이다. 내게 위로를 해 준 경찰이 와서 그 중에 내 차량도 있다는 것을 확인해줬다. 군산에서 도난당한 5대 중 하나였다. 분해되었다가 동남아 어딘가에서 재조립되어 달리고 있을 차량을 다시 돌려받을 길은 없었다.

그 허망함 가운데서도 감사할 일은 보험사에서 지급한 보험금으로 가난한 우리 가족의 1년 생활비를 충당할 수 있었다. 외식은 언감생심, 우리 가족은 오로지 집 밥으로 살았기에 "쌀이 떨어지면 버틸 수 있을까?"하던 시기였다. 그러나 아무리 없어도 하나님께 드린다는 마음으로 구입한 차량을 우리 손으로 처분할 수 없지 않은가. 그러니 시간이 한참 지난 지금에야 누구에게든 이 이야기를 말할 때, 알아서 차량을 처분해준 그 차량털이범들을 도둑님들이라고 부르게 되었다고 너스레를 떨곤 한다.

이 황당한 영화 속 장면 같은 일들이 여기서 끝났으면 좋으련만 그렇지 않았다. 이전의 교회가 떼어놓고 간 건물의 외부 십자가가 방치되어 있었는데 고물로 버리자니 왠지 꺼림칙해서 교회 건물 뒤편의 안전펜스를 세울 때, 용접해서 달아 놨다. 건물 양 옆이 빈 땅이었을 때는 몰랐는데 원룸 건물이 들어서니 십자가의 가로대가 옆 건물로 5cm가량 넘어갔다. 어차피 벽이고 주차장 쪽으로 성인의 키 높이 이상되니까 원룸주인도 큰 문제 삼지 않았다.

어느 날, 이 십자가 조형물에 자신의 얼굴이 다쳤다는 억지 주장을 하는 사람이 나타났다. 목격자도 어떤 증거도 없지만 개척 초기에 한 동네에서 누가 다쳤다는 말을 쉽게 넘길 수 없어서 도리 상 병원을 찾았다. 과일바구니를 들고 찾아간 병실에서 그들에게 3천만 원을 요구받았다. 형편도 그랬지만 도저히 받아들일 수 있는 경우가 아니라 뭐라 답할 수 없었다. 치료가 마쳤어도 본인은 공인중개사이고, 지역 라이온스클럽의 임원이고, 얼굴로 일하는 공인이라 지속적인 성형치료가 필요하다고 더 큰 돈을 요구했다. 1억 손해배상이다. 1년 넘게 공갈과 협박을 당했다. 너무 억울해서 교단과 지역의 선배 목회자들에게 하소연을 했다. 민사소송에 가네 마네 하는 문제로 압박받으면서 나와 가족들은 만신창이가 되었다. 결국 내 사연을 알고 법무인으로 있는 다른 교회 집사님이 중재를 해서 피차 소송에 들어가면 쓸 수밖에 없는 변호사 선임료에 해당하는 금액으로 합의를 봤다. 그 돈도 아까웠지만 정말 어쩔 수 없는 일이었다.

그렇게 3년 6개월 동안 이 모든 일을 당하면서 교인들이 생겨도 어려울 때마다 떠나가는 아픔을 겪었다. 흔히 기도하면서 개척할 임지를 만나면 부름 받았다고 하지만, 난 내게 주신 그 응답을 되물어야 할 판이었다. 이제 내 목회가 어디로 가야할지 정말 몰랐다.

2. 코털목회와 성전을 떠난 그리스도인

코털을 묵상하다

많은 자신감과 소망이 꺾일 무렵, 내 안에 있는 교만과 자랑이 함께 꺾였다. 아픔도 핍박도 고독도 있었지만, 공산주의 국가 중국에서 하나님 은혜로 일궈놓은 선교지의 영광스러운 기억들도 있었다. 그곳은 공안과 같은 외압이 있어도 복음을 위해 겪는 고난이란 거룩한 명분이라도 있었지만 한국의 개척목회는 전혀 그렇지 못했다. 정말 치사하고 황당한 일들을 겪으면서 자꾸 나 자신이 부끄럽고 용기를 잃어가고 있었다. 희망은 점차 사라지고 겨우겨우 목회지의 생활을 견뎌가고 있었다. 가족들에게 너무 미안해서 함께 잠을 못 잤다. 예배실 강단에서 버티겠노라, 끝장을 보겠노라 장담하고 핑계 같은 별거생활을 해봤지만, 시간이 갈수록 기도도 찬송도 심지어는 주기도문을 외우는 것도 할 수 없었다. 화장실을 갔다가 거울에 비친 내 모습을 보고 깜짝 놀랐다. 석기시대 원시인 같은 자가 서있었다. 더벅머리로 헝클어진 머리에 수염도 숭숭 자란 그 초췌한 얼굴을 보자니, '나도 이렇게 망가질 수 있구나'하는 놀람과 슬픔, 그리고 어디론가 내지르고 싶은 분노가 솟구쳤다. 그 때 내 얼굴의 어느 한 부분에 눈길이 멈췄다. 내 콧구멍으로 딱 한 가닥의 흰 코털이 인중 가까이 자라나 있었다. 그걸 보고 참 이상한 깨달음을 얻었다. 성경말씀에 대한 기억이었다.

또 만물을 그의 발 아래 복종하게 하시고 그를 만물 위에 교회의 머리로 삼으셨느니라 교회는 그의 몸이니 만물 안에서 만물을 충만하게 하시는 이의 충만함이니라.(엡 1:22-23)
몸은 하나인데 많은 지체가 있고 몸의 지체가 많으나 한 몸임과 같이 그리스도도 그러하니라.(고전 12:12-27)
하나님의 성전과 우상이 어찌 일치가 되리요 우리는 살아 계신 하나님의 성전이라 이와 같이 하나님께서 이르시되 내가 그들 가운데 거하며 두루 행하여 나는 그들의 하나님이 되고 그들은 나의 백성이 되리라.(고후 6:16)
우리가 한 몸에 많은 지체를 가졌으나 모든 지체가 같은 기능을 가진 것이 아니니 이와 같이 우리 많은 사람이 그리스도 안에서 한 몸이 되어 서로 지체가 되었느니라.(롬 12:4-5)

너무나 많은 교회들 속에서 (교회가 있는 주소지 부근만 28개 정도의 교회가 밀집되어) 원하지 않는 경쟁을 하는 분위기를 느끼던 터라 그 사이에서 늦게 개척목회를 시작한 나는 더욱 위축되어 있었다. 하지만 나는 그 날 기억하게 하신 이 말씀들을 통해 위로와 자유를 얻었다. 그리고 그동안 무심했던 내 몸의 지체 가운데 코털이 주는 소중한 기능을 내 목회에 적용하게 되었다. "그래. 작아도 꼭 필요하니 하나님께서 창조하셨으리라. 난 손의 목회, 발의 목회, 눈의 목회 등 다른 목회를 하지 못한다고 해서 부러워하거나 질투하거나 자책하지 말자. 나만의 호흡을 하며 내 몸의 필터가 되는 코털처럼 목회하리라."

그래서 그때부터 〈코틸목회〉를 하겠다는 마음을 갖게 되었다. 그런 마음가짐에서 시작한 것이 작은 것에 대한 소중함이었고 남아있는 교인 한 사람 한 사람을 다시 돌아보는 일이었다. 그러면서 나를 끌고 다니던 선배 목회자들이 "한국목회는 이래야 돼."하면서 보여주었던 수많은 컨퍼런스와 코스들을 모방하는 목회와 작별을 고하기 시작했다. 그간 질문 없이 받아들였던 시스템, 프로세스, 조직, 체계와 양식, 서류들과 응당 그렇게 꾸미고 지켜왔던 교회당과 예배실 환경과 기물들의 배치 등 모든 익숙함들에게 질문하면서 나를 담지 못했던 영혼 없는 외식들에게 작별을 고하기 시작했다. 어설픈 교회론(論)에 걸쳐놨던 습관들을 교회관 (觀)으로 보기 시작했다. 그때부터 성전으로 믿었던 건물에서 자유함의 성막을 꺼낼 수 있게 되었다. 당시 형편이 어려운 가운데에도 꾸준하게 실천신학대학원(이천시)에서 다니면서 깨달은 공동체적 교회에 대한 생각들이 이 모든 질문들을 정리하는데 큰 도움이 되었다.

비로소 그리스도인

귀국해보니 한국은 기독교인이나 교회에 대한 일반적인 정서들이 많이 달라져 있었다. '개독교'나 '먹사', "교회다니는 것들이 더 하다" 는 비아냥은 더 이상 낯선 말도 아니다. 왜 이 지경까지 되었나. 내가 기독교인이어서 더 잘 보이는건지, 험한 소식과 소문들 속에 등장하는 주인공격인 인물들은 거의 다 기독교인이다. 내가 안 그랬다 해도 부끄럽긴 매 한가지이고 기독교인 신분에 대한 자괴감이 들 정도가 되었다. 부정과 불의, 패륜 사건에 연루된 목사들을 보면 이제는 그리스도인으로 안살아도 목회자가 될 수 있는 세상이 되었다. 목사만 그런 것이 아니다. 교회당 밖에서는 개차반으로 살아도 목사 눈에 잘만 보이는 수단과 방법으로 얼마든 교회 조직의 직분을 계급처럼 따낼 수 있다. 그리스도인으로 안살아도 그리스도인으로 행세할 수 있는 기독교는 과연 기독교인가?

만나매 안디옥에 데리고 와서 둘이 교회에 일 년간 모여 있어 큰 무리를 가르쳤고 제자들이 안디옥에서 비로소 그리스도인이라 일컬음을 받게 되었더라.(행11:26)

안디옥에서 처음 불렸다는 그리스도인이란 이 호칭이 예수쟁이라는 조롱의 의미였을지 모르지만 이 성경말씀은 기독교인의 정체를 설명하는 근거이거나 호칭에 대한 역사적인 언급을 위해 자주 인용된다. 하지만 코털목회의 마음을 주신 후로 이 본문의 방점을 '그리스도인'이 아니라 '비로소'에 두게 되었다. 그리스도인은 많아졌다. 하지만 부정할 수 없는 바로 진짜 그리스도인, 당대에 '비로소'라고 일컬음을 받을 수 있는 그리스도인은 얼마나 될까?

지금은 초대교회 당시처럼 핍박이나 박해가 있는 시대는 아니다. 하지만 우린 지금 충분히 조롱과 비난을 받고 있지 않은가. 이유도 알고 있다. 아직 세상에서 우리는 '비로소'라는 인정을 받지 못하고 있기 때문이다. 아직도 하나님만 아시면 된다고, 교회당 밖의 세상을 부정과 악으로 규정하고 살아간다면 하나님은 우리를 부정하고 악하다 하실 것이다. 하나님은 '세상을 이처럼 사랑하사 독생자를 주셨'기 때문이다.

3. 너희 안에 있는 하나님나라, 착한동네

하나님나라를 "신고합니다"

교회당 건물 중심의 목회의 작별을 고하면서 그 날 이후로 내내 동네를 돌아다녔다. PC수리점 아저씨, 문방구, 학원 등등 교회당 밖을 나와야 만날 수 있는 이웃들을 다시 만났다. 전도용품과 명함과 성경을 들고 만났던 3년 전이 아니라 이웃인 내가 이웃을 환대하기 위해 찾아갔다. 그들이 내게 이웃이기 전에 내가 그들의 이웃이라는 사실을 스스로 확인해야 했다. 일찍부터 관심을 가졌던 커피내리는 법을 배우고 핸드드립커피 도구들을 휴대용가방에 넣고 다니면서 이웃들을 만났다. 맛있는 원두에서 한 잔의 커피를 만들어 대접하는 모든 과정을 보이면서 했던 말이 있다. "이웃들이 살면서 많이 웃고 만족해하는 자랑스러운 동네를 만들고 싶은데 저는 우리 동네가 그런 착한 동네가 되면 좋겠습니다. 그래서 이웃들이 힘을 실어주면 한번 만들어보려고요." 그렇게 시작한 착한동네 만들기 홍보는 꿈만 같은 얘기였지만 이웃들 들어주기 시작했다. 그러면서 어떤 이웃은 자신의 마음을 열고 내가 묻지도 않은 자신의 감춘 과거의 상처, 현재의 고민까지도 내게 말해주고 나는 그를 위해 기도해 줄 수 있었다.

지금 우리 교회가 교회건물이 아닌 우리 자신이 교회가 되어 이웃들과 함께 운영하는 착한 동네는 중의적인 개념이다. 우선은 이웃들과 함께 만나 착한 일을 도모하는 공간의 의미로 〈복합문화공간 착한동네〉(도서관, 카페, 갤러리)이다. 그리고 평범한 이웃들과 찾아낸 어려운 형편의 이웃들을 돕기 위한 〈비영리단체 착한동네〉이기도 하다.

마지막으로 착한 동네는 우리가 사는 원룸촌 골목에서 시작해서 군산과 더 넓은 세상으로 번져가는 하나님나라이다. 종교 편향적이라는 오해 때문에 건물 밖에 간판을 〈하나님 나라〉라고 붙이지 않고 〈착한동네〉라고 붙였다. 그러나 이 착한동네는 하나님의 선한 뜻이 펼쳐지는 우리 동네 안에 실현되는 하나님 나라이다. 뜻을 알던 모르던 이웃들은 이 일을 함께 동참하면서 하나님이 기뻐하시는 일을 해내고 있다. 아직 소수이지만 시간이 흘러가면서 교회를 안다니는 이들 중에서도 이 사실을 고백하는 이들도 생겼다.

착한 동네 만들기

1) 미리내나눔운동과 기부카페 GIVE

2014년부터 전국에 착한 일을 하는 가게들로 차츰 알려지면서 보도매체를 통해 소개되었던 〈미리내가게〉는 착한동네를 만들고자 하는 취지와 맞았다. 나는 전라북도에서 최초의 미리내가게로 착한동네 건물 안의 카페를 지정하고 이웃을 돕는 건전한 수익구조를 만들었다. 미리내가게는 손님이 자신이 먹는 음식이나 구입한 물품의 비용을 지불하면서 다른 누군가를 돕기 위해서 남은 돈을 기부하거나 다른 사람이 먹을 음식이나 물품 대금을 대신 미리 지불해주는 나눔운동을 실천하는 가게이다. 우리교회는 이 모든 기반을 준비해준 후 이웃들이 자발적으로 나눔운동을 할 수 있도록 선행의 장을 열어주었다. 카페를 찾는 지곡초등학교 어린이들과 군산여상 청소년들이 누군가 미리 내준 카페의 음식을 먹기도 하고, 수고하시는 우체부와 환경미화원, 순찰하는 경찰, 택배원까지도 이웃들이 챙겨준다. 특히 공익을 위해 수고하는 분들은 응당 자신의 직업 때문에 하는 일이라 여기지만 이웃들이 자신들을 기억하고 미리내 나눔을 통해 이렇게 응원해주니까 더 보람을 느끼고, 진짜 우리 동네가 착한동네라고 자랑하신단다.

미리내를 하는 분들 가운데는 정말 구제하는 일에 동참하고 싶은 분들도 계시다. 그래서 미리내가게 가운데 〈착한일미리내〉라는 우리만의 특별한 방식을 만들어서 실행하고 있다. 〈착한일미리내〉는 정기적인 지역봉사활동을 하면서 착안한 것이다. 우리 자녀들과 동네의 독거노인 가정을 방문해 봉사하다가 어르신들의 위생상태나 주거환경이 열악하다는 것을 알게 되었다. 냄새나는 이불과 옷 세탁을 해드리자는 취지에서 〈효도세탁〉이란 이름으로 별도의 미리내를 운영했다. 카페의 메뉴를 계산하면서 남는 거스름돈을 효도세탁 미리내로 기부하면 그 돈을 모아 어르신들의 세탁비로 썼다. 그런데 막상 세탁을 도와드리면서 어르신들의 형편에 따라 세탁이 우선이 아니라는 것을 알게 되었다. 겨울철 난방에 문제가 있는 어르신들은 세탁보다 난방유가 필요하고, 전기선로가 위험한 경우 배전반을 수리해야 하고, 전등을 교체해야 하고 방풍지를 붙여드려야 했다. 그래서 〈효도세탁〉을 〈효도나눔〉이라고 이름을 바꿨다. 그러면서 생존의 문제가 아닌 당장의 생활의 불편한 점을 개선하는 일로 미리내 나눔이 확장되었다. 반찬봉사도 이때부터 시작되었다. 점차 대상이 독거노인뿐 아니라 미혼모가정이나 다른 취약계층들로 확대되면서 효도란 이름이 적합하지 않아 〈착한일미리내〉라는 지금의 이름을 쓰게 되었다. 이 미리내 기부금을 통해서 이웃들이 반찬봉사나 방문봉사, 병원동행, 그리고 어려운 이웃들에게 필요한 것을 구입해서 전달해주는 일을 함께 하고 있다. 최근에는 휴대폰 체납금으로 신용불량이 된 할머니의 휴대폰을 해결해드리고 원룸촌의 위기가정의 전기와 가스가 끊겨 아이들이 집에 안 들어오고 방황하자 체납된 공과금을 해결하기도 했다.

카페에 마련한 헌혈증함에 모아진 헌혈증은 착한동네와 연결되어진 SNS 상의 전국 미리내가게와 페이스북 페이지를 통해 헌혈증이 필요한 사람들에게 전달하고 있다. 헌혈증을 기증하시는 이웃에게는 칭찬과 격려의 의미로 차 한 잔씩을 대접하고 있다.

2) 나눔강좌와 무지개작은도서관

당초 착한동네의 나눔의 취지처럼 유형의 재화를 나누는 것도 필요하지만 교육, 문화활동 등의 무형의 나눔도 필요했다. 그래서 착한동네의 〈무지개작은도서관〉 공간을 이용해 나눔강좌를 실행했다. 나눔강좌는 "배워서 남주자, 동네에서 배우자, 나눔에서 또 하나의 나눔으로"라는 취지의 지식과 재능 나눔의 확산을 위한 교육품앗이라 하겠다. 배워서 남주는(나누는) 취지를 이웃들에게 알리고 나니 미리내가게를 오시는 이웃 손님들 한 두 분이 재능나눔의 의지를 보여주었다. 한 이웃은 "저는 천연화장품을 만들 줄 아는데 그것도 기부가 되나요?" "그럼요. 강좌를 개설해드릴께요." 이렇게 해서 이웃들이 만든 나눔강좌가 냅킨아트, 책놀이터, 이침교실, 사진강좌, 쿠키클레이, 음악이야기, 역사날밤새기(근현대한국사), 영어말하기, 우쿨렐레, 오카리나, 한지공예, 미니드론 등등 계속해서 이어져가고 있다. 군장대학교 패션쥬얼리디자인학와 한지모던아트조합은 한지

(닥섬유) 공예를 통해 자선전시회와 강좌를 열어 착한일 미리내로 기부하고 있다.

특히 나눔강좌는 도서관 공간에만 머무는 것이 아닌 다양한 외부활동으로 지역에 영향을 주었다. 예를 들면 세월호 참사가 있고나서는 생존자 학생들과 가족들을 위해 캘리그라피를 배운 이웃들은 희망글 엽서를 제작해서 착한동네를 방문하는 이웃들과 인근학교에 보내 안산 단원고로 보냈고 추모행사도 가졌다. 군산시에 1500장의 노란리본 차량스티커와 배지를 무료배부 하고, 세월호법을 위한 서명도 2000명이 넘는 서명을 받아 광화문광장 유가족대책위원회에 직접 전달을 하기도 했다. 지식과 재능나눔은 받은 것으로 끝나지 않고 자기가 받은 것처럼 다시 다른 누군가에게 자신의 작은 재능이라도 흘려보내는 동기를 갖게 한다는데 의의가 있다. 초등학교 현직교사는 '착한동네 쌤'이라는 이름으로 원룸촌 다문화가정과 맞벌이가정의 자녀들 중 학교적응이 어렵고 학습이 부진한 아이들을 대상으로 지도하고 있다. 지금도 나눔강좌의 모든 강좌는 이웃들의 재능기부가 늘고 있어 계속 확대되고 있다.

3) 이웃솜씨전시회와 묵상갤러리 품

〈묵상갤러리 품〉은 나눔강좌를 통해 취미로 배운 손뜨개질이나 한지작품들, 사진과 캘리그라피 작품을 가지고 오면 공간기부를 통해 무료로 전시한다. 이웃들의 폰으로 찍은 사진, 아이들의 낙서도 걸어준다. 모두 액자만 만들어주면 굉장한 작품이 된다. 보통 학교에서든

대회에서든 우수한 실력의 작품만 전시를 한다. 하지만 착한동네는 '나눔은 곧 응원이고 우리는 누구나 응원을 받아야 한다'고 생각한다. 차별 없이 무엇이든 소중한 작품으로 인정하고 응원과 격려를 하는 이웃솜씨전시회는 별 것 아닌 것을 특별하게 보는 마음을 갖게 하는 전시회다.

평소 갤러리 품은 누구든 찾아와 전시품을 보고 쉬어가기도 하고 기도와 명상도 하는 공간으로 항상 개방해놓고 있다. 그림마다 그 앞에 배치된 의자에 앉아 생각에 잠기고, 그림의 인물과 장면에 자신의 감정을 이입해 울다가 가는 이들도 있다. 수험생 부모들의 기도처가 되기도 하고, 갤러리 곳곳에 동네목사인 내게 기도를 부탁하는 쪽지들을 붙여놓는다. 이따금 나그네의 숙소가 되기도 하는 이곳은 내게도 매일매일 기도로 시작하는 하루의 순례의 출발지가 된다.

4) 골목길로 번져가는 착한동네

마을벽화 / 우리 동네 원룸촌은 안타깝고 슬픈 사연으로 은둔하는 이웃들이 꽤 있다. 아직은 통성명도 제대로 못했지만 스치면서 흘러들어오는 이웃들의 소식을 접하면 쉽게 지나칠 수가 없다. 이분들을 응원하고 밝게 지낼 수 있도록 원룸 공간에서 동네라는 세상으로 나오게 하고 싶었다. 삭막한 원룸촌에 위치한 둘레 길이 300미터가 넘는 초등학교의 옹벽축대가 흉물스러워 마을벽화를 그리기로 마음먹었다. 카페 수익과 개인후원으로 3년간 6개의 구간을 나눠서 그릴 계획까지 세웠다. 그런데 활동의 취지와 여기저기 알린 사연을 듣고 시의원과 라이프호프라는 기관이 사업비를 지원했다. 덕분에 사업을 빠르게 추진해서 200명의 시민들이 함께 모여 〈동화와 놀자〉는 주제로 마을벽화를 그렸다. 엇비슷한 원룸건물들로 가득해서 삭막했던 동네길이 밝아지고 다른 동네 이웃들도 찾아와 사진을 찍는 모습을 쉽게 볼 수 있게 되었다.

마을공연 / 봄, 가을마다 공연팀을 초청해 착한동네 앞 작은 골목광장(골목이 교차하는 사거리)에서 마을문화공연을 열어, 이웃들이 자연스럽게 참여함으로 문화적 소외를 느끼지 않도록 했다.

공연팀 초청약속을 잡고 기부카페에서는 1월부터 영업일 기준 매일 1만원씩 저금해서 공연비를 마련했다. 부족한 금액은 이웃들이 십시일반 기부해서 행사를 잘 치뤘다. 영상, 음향 기술을 가진 분들이 재능기부하고 주민센터에서는 의자와 차량통제에 도움을 주었다. 150명 이상이 모였는데, 무엇보다 가장 기뻤던 것은 원룸촌을 오가며 마주친 8명 정도의 그 사람들이 객석에 앉아있었다. 그중에는 우리가 돕고 있는 미혼모 가정도 있었다. 공연을 마치면서 이웃들에게 1000원 이상의 마을문화공연를 위한 미리내를 부탁했는데 많이 참여해 주어서 다음 공연을 위한 종자돈이 되었다.

그리고 이웃들이 함께 준비해서 공연하는 〈작.아음악회〉(작고 아름다운 음악회)라는 콘서트도 열었다. 보통 음악회라고 한다면 꽤 실력이 뛰어난 사람들이 주인공이 되어서 대부분 감상하는 음악회가 주종을 이루지만 〈작.아음악회〉는 우리 이웃들의 자녀나 어른들이 취미로 배운 악기를 연주하고 노래를 듣는다. 서로 잘하고 못하고를 평가하는 자리가 아니라 격려해주고 칭찬해주고 응원하는 음악회다. 나눔강좌에서 배운 실력으로 우쿨렐레나 오카리나 연주도 정기적으로 발표하고 있다.

착한장터와 비영리단체 착한동네

겨울을 맞이하기 전에 복지사각지대의 어르신들과 어려운 가정들의 겨울철 난방 지원을 위해 착한장터를 한다. 〈착한일미리내〉를 통해 주로 지원하는 것이 반찬나눔 봉사인데 매달 5-60만원씩 고정적인 반찬준비 지출이 있어서 난방비를 따로 지원할 처지가 아니었다. 하지만 전기장판으로 지내기에는 이분들의 겨울이 너무 걱정이 되었다. 이런 고민을 이웃들에게 얘기를 했더니 아름다운가게 출신의 이웃이 바자회나 장터 기획은 전문이라고 그 재능을 기부하시겠다고 했다. 그래서 판을 벌여드렸다. 착한장터를 통해 얻은 수익금으로 독거어르신 댁에 난방시트시공, 온수기 설치, 전기세 체납금 등을 해결했다. 광고기획을 하는 이웃은 모든 일체의 홍보물을 제작해주고, 장판집 사장님은 장판을 깔아주고, 난방시트 시공하시는 분은 원가에 물품을 제공해주었다. 도움이 필요한 이웃들에게 3개월치씩 난방비를 전달하고. 전기설비 수리와 시공도 도왔다. 행사 준비과정에서 이웃들은 자신들이 소속한 시민단체들에게 자발적으로 협조를 구해 결국 아이쿱생협과 행복한교회가 먹거리 장터를, 어린이도서연구회가 도서판매를, 환경연대가 환경사진전과 자녀들을 위한 폐품활용공작교실을, 교육희망연대가 진행봉사를 도왔고, 이외에도 8개 단체가 함께 준비하는 큰 행사가 되었다. 볼거리를 위해 저글러 공연자가 재능기부를 하고 군산산업단지의 직장인밴드가 참가를 했다. 청소년댄스대회에 최우수상을 받았던 학생들이 댄스공연을 하고.

고학으로 공부한 이웃은 군고구마통을 구해와 군고구마 판매를 했다. 홈베이킹을 잘하는 이웃은 파이를 굽고, 인근 카페에서는 커피원두를 지원해주었다. OCI노조에서는 금일봉을 전해주었다. 서로 다른 목적과 지향점을 갖고 활동하는 단체들이고, 가게들이지만 착한 일을 위해 우리 동네가 한 마음으로 만들어낸 정말 감동적인 행사였다. 시끌벅적한 이 골목 일대의 행사에 이웃들 어떤 사람도 민원을 제기하지 않고 오히려 주차장으로 쓰라고 원룸 주차장을 비워주기까지 했다. 지곡초등학교 운동장도 주차장으로 비워주었다. 골목길의 착한장터는 규모는 크지 않지만 소소한 이웃들의 착한마음이 모여 지역에 의미 있는 연중행사가 되었다. 이 행사를 계기로 우리 지역에 사는 복지사각지대에 있는 어려운 이웃들을 지속적으로 돕자는 착한이웃들이 모이게 되었다. 이웃들은 착한동네가 하고 있는 반찬봉사가 〈착한일미리내〉에 의존하기에는 꾸준한 재정운용이 불확실하기에 단체를 만들자 했다. 지금은 〈비영리단체 착한동네〉를 만들어 이웃들이 운영위원회로 모이면서 동네의 착한 일을 함께 논의하고 정기후원을 통해 안정적으로 봉사를 위한 재정을 집행하고 있다.

착한동네봉사단과 착한동네 사회안전망

주 2회 독거노인과 조손가정, 미혼모가정, 중증장애인가정을 다니면서 내가 방문하지 않는 날들에 혹시 고독사나 사고들이 있지 않을까 걱정이 되었다. 그래서 봉사하기 원하는 이웃들에게 자매결연을 맺어주어 상시적으로 방문하고 챙겨드리게 했다. 어르신들이 응급실에 실려 가는 3차례의 긴급 상황을 사전에 발견해 살린 것도, 미혼모가정의

아이가 집에 갇혀 구조한 것도 다 이런 착한이웃들이 있었기 때문이다. 명절 때나 평소에도 나물을 무치거나 전을 부칠 때에 어르신들 것까지 만들어 보내주는 이웃들이 있고, 텃밭의 작물과 선물로 들어온 식료품을 식재료로 갖다 주는 이웃들이 있다. 정기적인 반찬나눔을 실천하는 이웃들과 해마다 생일을 맞이하면 저금통을 깨서 모아놓은 돈을 반찬값에 보태라고 주고 가는 이웃들이 있다. 아이들의 푼돈에서 어른들의 작심한 금일봉까지 모두 착한동네로 흘러 들어와 세상을 섬기라고 보내진다. 나눔강좌에서 만들어진 떡케이크와 천연비누가 어르신들에게 전달되고, 재능기부자에게 배운 악기연주가 찾아가는 공연이 된다.

지역의 소상공인들이 착한동네와 연결되어 말 그대로 착한동네를 만드는 나눔네트워크를 만들어가고 있다. 착한동네 사회안전망을 만들자는 취지에 동참하는 소상공인들은 자신의 생활터전인 일터에서 이미 하고 있는 것을 나누기로 했다. 우리는 이것을 생활기부라고 한다. 미용실은 착한동네가 연결해드리는 어르신들을 미용봉사로 섬기고, 세탁소는 세탁으로, 반찬가게는 반찬으로 전기공은 전기점검과 노후된 배선들과 전등을 교체해주고 있으며 이외에도 안경점, 광고기획사, 휴대폰점, 농식품점 등이 직간접적으로 참여하고 있다. 지역의 어려운 처지에 있는 조손가정, 청소년, 어린이들을 위해 롯데리아도, 피자가게, 치킨가게, 제과점, 떡집, 소형마트와 편의점, 학원, 식당과 치과도 동참한다. 작년에 돌아가신 독거노인 할머니의 사연 이후 장례식장도 동참하게 되었다. 심지어는 동네 고물상도 참여해서 착한동네에서 이웃들이 모아주는 폐품들을 수거하면서 좋은 가격을 매겨주고 있다. 착한동네는 이 모든 이웃들이 함께 만들어가는 것이다. 다만 그 안에 숨 쉬고 있는 가치는 바로 내 코털목회에서 만나는 하나님나라이다.

4. 작은교회여, 함께 가자

여태껏 행복한교회와 착한동네를 방문한 많은 목회자들과 기독교 단체들이 있었다. 하지만 대부분의 사람들은 사진으로 담아갈 환경과 행사, 프로그램에만 관심했다. 왜 이렇게 목회하는지, 어떻게 건물 밖으로 번져가는지에 대해서는 무관심했다. 따라서 그때는 목회와 신학을 해석해서 소개해야 했다. 여기에서는 주어진 분량이 있기에 가능하면 목회와 신학적인 내용을 정리해 적는 것보다 지나온 일들을 소개하는 것에 주력하였다.

목사하면서 동네를 착한동네로 만들겠다며 생소한 미리내나눔운동도 하고 직접 카페를 운영ᅟ하고 폐품도 모아 팔러 다녔다. 이런저런 활동과 행사를 하다 보니 편견을 가진 분들의 오해로 곤란한 적도 있었다. 종교적으로는 이단이 아니냐는 소리도 들었고, 뭔가 노리고 있는 것이 있으니까 이런 일들을 하는 것 아니겠냐 하는 의심도 받았다. 최근에는 우리 교회와 같은 "행복한교회"라는 이름으로 신천지 위장교회가 대형건물을 짓고 적극적인 포교활동을 하고 있어서 이름만 듣고 오해가 커졌다. 하지만 교인도 아닌 이웃들이 적극 해명을 해주고 있다고 걱정하지 말라 한다. 우리교회 이후에 행복한교회란 이름의 교회가 4개가 생겼다. 그들은 신천지 때문에 다시 이름을 바꿨다. 이웃들의 신뢰감 덕분에 우리는 여전히 행복한교회다. 교회 개척을 하면서 딱히 이웃들을 위해 할 게 없으니까 4년간 묵묵히 동네의 눈길을 쓸고 다녔다. 특히 교회 뒤편 비탈진 학교 길에서 잦은 차량 사고가 나고 아이들이 다칠까봐 눈만 오면 치우고 다녔다. 그런 모습들을 말없이 지켜 보아온 이웃이 해명을 해줬다.

"저 목사님은 그런 사람이 아니다"라고.

교회의 본질적인 사명이 예배, 선교, 교육, 봉사(교제)라는 것에는 큰 이견이 없을 것이다. 그러나 작은 교회는 이 사명을 잘 해보고 싶지만 재정이나 교인의 수 때문에 늘 한계에 부딪힌다. 그렇다고 교회의 존재 이유를 포기하고 손 놓을 수 없지 않은가. 상다리가 짧으면 밥상이고 길면 식탁이 된다. 하지만 그 어느 것 하나도 다리 하나를 포기하면 넘어져 쓸모없게 된다. 말인즉 교회의 형편이 어려워도 분수껏 그 안에서 최선을 다하려 하면 길은 있다는 얘기다.

나와 행복한교회는 부족하고 없는 것이 많지만 교회 건물 밖의 동네에서 이루어지는 코털목회와 착한동네(하나님나라)의 확대로 가능했다. 내가 목사이고 배경이 교회여도 이웃들은 재정, 물품, 노동력과 재능 등의 협력으로 함께 했다. 싫은 마음으로 함께 할 사람이 없다. 구레네의 시몬은 예수님의 십자가를 억지로 졌다가 결국 감동하여 그의 가정의 사람들이 초대교회의 중요한 인물이 되었다고 한다. 나는 그처럼 우리 〈행복한교회〉와 세상을 잇는 통로인 〈착한동네〉를 통해서 하나님 나라의 백성들을 만나길 기도한다. 하나님 나라는 여기 있다 저기 있다 할 것이 아니라 이미 우리 가운데 임하셨기 때문이다. 바라기는 부족한 자의 글이 여러 작은 교회들에게 이 길을 함께 가자는 초청이 되길 소망한다.

```
┌─────────────────────────────────┐
│         Chapter 04              │
│                                 │
│      한천교회의 마을신학          │
│   정성훈 목사 (한천감리교회)      │
└─────────────────────────────────┘
```

이메일 : jsh0505@hanmail.net

카카오ID : tesa1234

페이스북 : facebook.com/sunghun.jung.90

1. 문제제기

'신앙이란 밖에서 주어지는 사건과 나 자신의 적극적인 응답이 합치될 때 비로소 탄생한다.'[1]

교회는 신앙을 매우 중요한 내용으로 담고 있다. 그러나 한국교회의 신앙은 신학이 미약한 채 생성되었고, 신학이 있다고 해도 '교회성장론'이라는 신학이 많은 자리를 차지한다 해도 과언이 아니다. 그렇게 성장한 한국교회의 신앙은 시대와 역사를 지나오면서 "밖에서 나에게 무엇이 주어져야 되는지도 모르고 어떻게 주어지는지도 모른다."

그러니 내가 어떻게 내 밖의 사건에 대해 응답을 할지도 익숙하지 못하다. 어쩌면 이런 과정 자체를 모르고 있는 것이다. 그저 '신앙'이라 함은 60, 70년대 한국교회를 주도했던 '예수를 믿고 복을 받아 부자가 되는 것'으로 정리되었던 경향이 있다. 이런 신앙은 21세기 된 오늘날도 많은 부분 유지되고 있음을 본다.

한국교회는 많은 외적성장을 했다. 〈기독교대연감〉 1992년 판에 따르면 개신교인수가 약 1,250만 가톨릭교인수가 약 273만 명이라 발표되었다.[2] 합치면 약 1,500만이 되는 숫자이다. 2015년 현재로 보면, 2014년 12월 31일 기준으로, 한국 천주교인은 약 556만 명이다.[3]

---

1 홍정수, 「베짜는 하나님」, (경기도 일산 : 한국기독교연구소, 2002) 45.
2 기독교문사, 「기독교대연감」, 1992, 278.
3 김희중, 「한국 천주교회 통계」, (서울 : 한국천주교중앙협의회, 2015) 8.

안타깝게도 개신교의 조사는 되어있지 않다. 다만 개신교는 1,000만 명을 이야기한다. 가톨릭이 약 20년 동안 200만 명 이상의 증가를 보였고, 개신교가 반대로 약 200만 명의 감소를 보였다고 하는 일반적인 개신교의 목소리를 인정한다면 가톨릭의 일관된 조사가 이를 증명한다.

기독교인수는 현재 약 1,500만명으로 추산되고 있다. 남한 전체 인구의 30%에 육박한다. 이런 교회의 양적 성장은 질적인 성장을 더디게 했고 신학의 존치마저도 흔들어 놓았다. 많은 부분교회성장론이라는 물질의 축복과 개인의 안녕만이 신앙의 목표가 되었다.

이러는 과정에서 공동체를 상실하고 개인주의와 이기주의, 물질성장이 신앙 성장의 중심이 되었다. 교회의 예배와 교육과 모든 프로그램의 목적이 되었다. 한국교회 안에서 번영의 복음이 신앙의 대상이 되었는데도 사람들은 이를 부끄러워하지 않는다. 번영의 복음은 재물에 대한 성서의 가르침을 완전히 거꾸로 뒤집어 놓는다. 요한복음 10:10 에 "나는 양들이 생명을 얻고 또 더 넘치게 얻게 하려고 왔다"고 하신 말씀을 물질적인 재산을 말한 것이라고 설명한다. 성서가 우리를 숨겨진 보화로 안내하는 지도라고 주장한다.[4]

이러는 사이 한국교회는 더 이상 성장을 하지 않게 되었다. 탈성장의 시대를 맞고 있다.[5] 그러나 그 어떤 대책도 없다. 그 이유는 바로 한국교회가 신학적 기반이 미약한 채 성장하였기 때문이다. 그렇기에 문제가 발생해도 이를 해결할 신학적 접근이 어렵게 된 것이다. 어떤

4 로빈 마이어스, 「예수를 교회로부터 구출하라」, 김준우 역, (고양 : 한국기독교연구소, 2012) 262.
5 이원돈, "지역연합정신에 기초한 생명망 목회" (갈릴리신학대학원 박사논문 2014), 7.

신학을 수용하고 적용해야 한국교회의 문제를 해결할지 답을 찾기 어려운 것이다. 처음부터 한국교회는 신학의 미약함으로 교회가 성장되었기에 어쩌면 이는 자명한 결과이다.

한국의 시대적 역사적 상황을 고려해보면 먹고 사는 것이 중요했던 생존 – 안정 – 번영 – 소속감 등 영화 '국제시장'의 흐름과 같은 상황들을 겪어 왔다. 한국의 경제성장과 맞물려 있다. 한국교회는 시대적 상황에 잘 맞추어 그 사회의 요구를 충족시키는 사회를 이끄는 교회가 되었었고 동시에 그런 교회들이 대형교회로 자리매김도 했다. 그러나 점차 '사회를 이끄는 교회의 기능'은 사라지고 대형교회로의 물리적 공간만 갖는 상황으로 변했다. 한국교회는 지나온 시대와 역사에서 보았듯 우리 사회를 이끄는 교회로서의 역할과 사명을 충분히 감당할 수 있는 능력이 검증되었다. '사회를 이끄는 기능을 가진 교회'로서의 신학적 성찰과 수용과 적용이 가능하다. 그럼 지금의 한국교회는 어떻게 해야 하나? 분명한 것은 교회는 성장되어야 한다는 점이다. 교회는 예수를 그리스도로 고백하고 살아내는 사람들이 모이고 많아지도록 해야 한다. 사람의 영혼을 구원하는 일에 교회는 그 사명을 다해야 한다. 그 어떤 것도 예수를 전하는 일 외에 목적은 교회의 것이 될 수 없다. 그렇게 교회는 반드시 성장을 해야 한다. 그러나 교회는 신학이 있어야 올바른 성장을 한다. 사건이 발생하고 그 사건 때문에 발생한 새 세계에 대한 유혹으로 인해 나날이 내 삶의 진로를 수정해갈 수 있어야 한다.[6]

교회에서 발생되는 시작이고 내 삶에서 이어질 인생이다. 이것은 신학으로 되는 일이다. 그래서 1인의 신앙인이 발생되고 그런 신앙인이

---

6 홍정수, 「베짜는 하나님」, (고양 : 한국기독교연구소, 2002) 51.

다수가 되면 종교가 된다.[7] 다시 시작하는 마음과 작은 행동이 중요하다. 다행히 2010년부터 한국교회는 교회 생태계의 심각한 위기를 의식하고 지구촌을 살리는 새로운 교회생태계를 형성하려는 담론을 만들어내고 있다.[8] 바로 신학이다.

본 소고는 이런 문제의식을 갖고 21세기 한국교회에 필요한 특히, 대한민국 인천광역시 동구에 있는 기독교 대한 감리회 한천교회에 신학이 있어야 하고 그 신학을 기반으로 전도를 하며 목회를 해야 함을 나누고자 한다. 먼저는 '기독교'에 관한 그리고 '대한'에 관한 정리를 통해 한국 기독교의 모습을 보려 한다. 그리고 '감리교'의 정신을 정리하고 이 모든 바탕 위에 마을교회로서의 '한천교회'를 알리는 이야기로 결론 짖고자 한다. 교회는 예수를 전하는 일 외에 부여 받은 사명이 없다. 예수를 전하는 일에서 파생된 어떤 것이 교회의 그 목적과 그 목표가 될 수 없다.

2. 기독교, 대한, 감리회, 의 신학적 의미

이 땅에 감리교회가 공식적으로 첫 발을 내딛은 것은 일본에 일하던 미국 북감리회 소속 선교사 맥클레이 박사의 내한(1884년 6월 24일) 이었다. 고종황제의 윤허를 얻어 이 땅에서 〈교육과 의료 사업〉이란 이름으로 하나님 사업을 시작했다.[9] 이후 1885년 4월 5일 부활절 아침

---

7 홍정수, 47.
8 이원돈, 7.
9 이덕주, 「서울 연회사 Ⅰ」, 기독교대한감리회 서울연회 2007, 39.

아펜젤러 목사 일행 5명이 한국으로 오게 된다. 한편 미국 남감리회는 1895년 10월부터 한국에서 선교활동을 시작한다.

1930년 12월 2일, 남, 북 감리교회(미국 남감리교회 한국연회와 미국 북감리교회의 한국연회)가 연합하여 오늘날의 〈기독교 대한 감리회〉를 형성하였다. 한국감리교회가 자치적인 교회로 통합, 발전하기 위해 모인 1차 총회석상에서 전권위원장이었던 웰치(Welch) 감독이 발표한 성명의 문서내용은 이렇다.

첫째로 "이 새 교회는 반드시 진정한 '기독교'회가 되게 하고자 한 것이다. 다시 말하면 그리스도의 요구하시는 조건대로 행하여 그 친구가 되어 그리스도를 배우고 그를 따르고자 하는 이들에게 문을 활짝 열고 환영하여 모두 교인(남녀 귀천이 없는)이 될 수 있도록 한다." 이것은 당시 한국의 상황을 염두에 두고 남녀노소와 빈부귀천의 구별이 없는 평등의 정신과 서로 경애 하는 마음으로 예수 그리스도를 배우고 따르는 것이 기독교가 되는 것이라고 했다.

그 당시는 아무도 이의를 제기할 문제가 없었다. 그러나 오늘의 시대는 훨씬 더 복잡해졌다. 교회 밖에는 다른 종교들이 도전해 오고 있고, 교회 안에서도 갖가지 유사 기독교 운동들이 물결을 치고 있다. 이 같은 내외적 다양성과 혼란은 "진정한 기독교"의 표준이 무엇인지 하는 문제를 과거보다 훨씬 더 어렵게 만들고 있다.

교인들은 자신들이 나가는 교회에서 하나님만 믿으면 된다는 마음에서 자신이 속한 교회의 역사와 전통을 알려고 하지 않는다. 우리는 우선 기독교이다. 기독교의 가장 중요한 의미는 "우리는 우주와 인생의 근원이요 궁극이신 신을 믿을 뿐 아니라, 그 신을 '예수 그리스도'께서 몸소 보여 주신 그대로 믿는다"는 것이다.

'예수'라는 윈도우 안으로 들어가서 만나는 하나님의 개념을 이해하는 것이다. 오직 예수 그리스도께서 보여 주신 그 하나님을 믿는 것이 우리의 기본이라는 말이다. 우리가 무슨 신을 믿고 어떻게 살든 우리의 이론과 실천에 있어 분명히 '양보할 수 없는' 표준은 예수 그리스도이시다. 유대인도 회교도도 하나님을 믿는 데는 같을지 모른다. 정의와 평화 운동을 함에 있어서도 같을지 모른다. 그러나 우리는 모세의 방식도, 마호메트의 방식도 아닌 예수 그리스도의 방식으로 한다.[10]

20세기 마르크스 이론에 토대한 해방신학도 예수가 그리스도 되신다는 분명한 이해가 결여되어 있기에 진정으로 손을 잡을 수는 없을 것이다. 1980년 한국의 민중신학도 기독론에 대한 이해가 약하기에 진정으로 손을 꽉 잡을 수는 없다고 생각한다. 우리는 '기독교'이다. 오직 예수 그리스도를 통해 세상을 보고 하나님의 개념을 갖고 구약성서도 본다.

둘째로 "이 새 교회는 진정한 '감리교회'가 되게 하자는 것입니다." 이 말씀은 편협한 교파주의, 종교적 의식주의, 권위주의, 성직자주의를 버리고 감리교회의 창시자 존 웨슬리 선생처럼 우리의 관계와 광범한 동정을 가진다는 것이다. 웨슬리의 정신은 보편주의와 자유정신이다. 웨슬리의 전통에 따르면 우리는 예수 그리스도가 보여주신 하나님을

---

10 홍정수, 「감리교 교리와 현대신학」 (서울 : 조명문화사 1990), 63.

믿지만, '그 하나님', '그 예수 그리스도'는 보편정신과 자유정신의 구현이라는 믿음을 뜻한다.

즉, 신약성서 자체가 보여 주듯이, 같은 예수 그리스도의 체험이라도 그것을 인간의 언어로 객관화할 때는 매우 다양한 형태를 띠는 것이 사실이다. 하나님 자신이 되신 예수 그리스도, 그분을 보는 우리 인간들의 시각은 다양할 수 있으며 그 어느 하나를 절대화해서는 안 된다는 신념이다.

신앙의 사회적 성격과 위계질서를 강조하는 가톨릭 전통, 행위에 비해 은총의 우선권을 강조하는 루터의 전통, 인간의 행위에 비해 하나님의 절대주권을 강조하는 칼빈의 전통 등, 그 어느 것도 우리는 단죄하지 않는다.

그것이 예수 그리스도를 토대로 하는 한 우리는 신앙고백의 다양성을 받아들인다. 이것이 웰치 감독이 진정한 감리교회는 파벌주의를 배격한다고 말했던 웨슬리의 전통이다. 따라서 감리회는 기독교의 어떤 교파하고도 형제애를 나눌 수 있으나, 스스로 형제애 나누기를 거절하는 편협한 정신을 가진 사람들을 배격한다. 이 같은 감리회의 정신은 '복음의 보편주의'에도 잘 드러나 있다.

즉, 감리회에 속한 사람이 "나는 하나님과 예수 그리스도께서 특정한 사람들만 사랑하시고 구원하길 원한다고 믿는다"고 말한다면, 우리는 그를 정죄하기 보다는 위선자라고 말해야 한다.[11]

11 홍정수, 67.

웨슬리는 같은 주님을 고백하는 사람들의 다양한 신앙양태를 허용했지만, 교리는 "아무래도 좋다"고 말하는 무관심적 자유주의자들을 엄격히 경계하였다.

중세교회는 진리를 판단하는 기준으로 인간의 이성, 교회의 전통, 교회의 가르침을 내세웠다. 그러나 루터와 종교개혁자들이 내세웠던 첫째 원리와 모토는 '오직 성경만'이었다.[12] "성서만을 고집하게 될 때에 인간 각자의 삶속에 처해 있는 여러 가지 상황을 무시하게 된다"는 틸리히의 말처럼[13] 웨슬리는 다양한 신앙양태의 문제들을 수용하였다.

셋째로 "이 새 교회는 '한국적' 교회가 되게 하자는 것입니다." 한국 사람으로 구성하자는 말이 아니다. 이 말씀은 고금(古今)을 통하여 전래한 바를 감사한 마음으로 받아서 예배에나 치리에나 규칙을 잘 이용하되 한국 문화와 풍속과 습관에 조화되게 하고자 하는 것이다.[14] 웰치 감독은 세 가지 측면에서 '한국적' 이라는 말을 한다.

첫째 '대한' 혹은 '한국'은 인종, 민족적인 뜻으로 이해되어서는 안 된다는 것이다. 물론 공간으로 이해되어서도 안 된다. 대한 사람들만을 지향하는 것도 안 된다. 이것은 편협한 민족주의가 될 수 있으니 히틀러 치하의 독일교회와 맥을 같이 하는 것으로 풀이하기 쉬운데, 이것은 우리의 역사적 유산이 분명히 거부하고 있는 바이다.

---

12 김명혁, 「한국교회의 종교개혁」 (서울 : 엠마오 1983), 18.
13 Paul Tillich, 「Systermatic Theology」 Volume Ⅰ (The University of chicaco Press, 1977) 4.
14 홍정수, 68.

둘째로 문화적 배타주의도 아니라고 했다. 인종의 배타주의 보다 더 근원적인 것이 문화적 배타주의이다. 최근의 민족문화 창달은 과거 우리 문화의 식민지주의를 벗어나려는 움직임이지 문화적 배타주의에 근거한 것은 아니다. 또한 과거의 어느 한 시점의 문화를 고집하거나 특정문화를 신성시하는 것도 거부한다.

셋째로 한국적 교회란 세계적(보편적)인 것과 지역적인(특수한) 것의 조화를 지향함을 뜻한다. 복음은 하나이다. 그 복음이 나라마다 시대마다 다른 언어, 다른 치리방식, 다른 문화와 풍속의 옷을 입고 나타나며 그렇기에 우리는 복음이 '생명이 있는 진보적인 것'이라고 믿는다고 했다. 웰치 감독이 "진정한 감리교회는 진보적이므로 생명이 있는 이의 특색을 가졌다"고 한 이 말을 '감리회'의 의미를 풀이할 때 사용한 것으로 되어 있으나, 내용적으로 보면 "생명이 있어서 진보적이다"라고 한 이 원리는 한국적 교회의 의미에 속한다고 보아야 한다.[15]

웰치는 웨슬리를 자신이 "가장 존경하는 인물 중 한 사람"이라면서 "웨슬리는 그의 시대보다 훨씬 앞서 있는 인물"이며 "세계는 웨슬리의 가장 간결한 신학적 신념 또는 영혼의 보편성을 따라 잡지 못했다"라고 말했다.[16]

시대와 지방에 따라 달라질 수 있는 복음을 믿는 교회, 그래서 그는 진보적인 교회라고 했다. 많은 신도들의 '보수'는 변하지 않아 안정적이고

---

15 홍정수, 69.
16 Herbert Welch, Men of The Outposts : The Romance of the Modern Christian Movement (Nashville : Abingdon Press 1937), 61

'진보'는 변하는 것이라 불안하고 생각한다. 예수 그리스도가 우리의 구주시라는 점에 있어서는 우리도 누구에게 지지 않을 만큼 보수적이다. 그래서 아직도 우리는 기독교이다.

그러나 이것에 반대해서가 아니라 바로 이 복음 자체의 표현과 결과가 시대와 지역에 따라서, 그곳의 문화와 풍속에 조화 되어 각기 다르게 나타날 수 있다고 믿으며, 그래서 우리는 진보적인 교회이다. 우리의 간판에 붙어 있는 '대한' 이란 말은 지리적 공간을 뜻하는 것을 넘어서서 하나의 신학적 해석학적 원리를 천명하고 있다.[17]

3. 한천교회의 마을신학

한천교회의 지난 15년 역사를 정리해볼 때 어떤 일들의 나열도 있겠지만, 목회자의 설교 원고를 연도별로 정리하여 스스로 어떻게 변화하고 있는가를 보는 것도 중요하다고 생각한다. 목회자의 설교는 곧 목회자의 신학이며 그 교회의 신학이다.

'그 신학의 내용이 무엇인가?'를 정리하게 되면 그 교회가 정말로 기독교적으로 갔는지, 그렇지 않은지를 볼 수 있다. '교회가 무엇을 했는가?'는 그 교회 목회자의 신학에 무엇이 형성되어 있는가? 그 신학이 어떤 결과를 나오게 했는가? 이를 분석해야 함이 중요하다고 생각한다. 이 글에서 연도별 설교를 싣지는 않는다. 그것은 너무도 부끄러운 일이 될 것이다. 하지만 이 소고를 편집 정리하면서 지난 설교를 연도 별로

---

17 홍정수, 70.

이어서 본 결과 새 부대(마9:17)를 만드는데 좋은 경험이 되었다.

'한천교회의 역사'를 정리하면, 곧 한천교회의 부족했던 '신학의 역사'이다. 앞으로 나의 목회는 15년 남짓 남았다. 지난 15년의 실수와 실패를 달게 정리하여 앞으로 약 15년은 실수를 최소한 줄이는 목회를 하고 싶다. 기독교적으로 목회를 하고 싶다.

한천교회의 역사 개요

1) 개척기

한천교회는 2001년 12월 3일 인천광역시 동구 송현동에 위치한 시장 골목 안에 있던 작은 상가 2층에서, 정확히 8평의 면적에서 시작되었다. 네 식구와 교육전도사 시절 알고 있었던 청년 몇 명이 교인의 전부였다. 시장은 이미 상권이 소멸된 오랜 역사의 재래시장이었고 사람의 왕래는 해가 지면 끊기는 인적 없는 시장 골목이었다. 동네엔 노인들이 많이 계셨었다.

처음 시작한 목회의 내용도 동네의 노인들을 섬기는 일이었다. 동네엔 노인들밖엔 없었기 때문이다. 좁은 계단에 차린 휴대용 버너에서 음식을 하고 화장실에서 설거지 및 음식을 씻어서 나누었다. 노인들은 그저 무료한 시간을 달래는 '좋은 놀이'였다고 생각했던 것 같다. 공부방을 한다고 멋지게 현수막을 걸어도 보았지만 거의 2년 동안 주중엔 노인들과의 놀이, 주일엔 식구포함 다 합쳐야 10명이 안 되는 교인들과 목회를 했을 뿐이다. 감리교의 제도에 의해 개척 3년이 지나는 시점에 목사 안수를 받게 되었는데 돌아보면 이때가 가장 어려웠던 시간이었다. 목사 안수는 정확히 한 가지 유혹을 준다. 소위 큰 교회 부목사로 가는 유혹이다.

유혹의 핵심 내용은 "생활의 안정" 때문이다. 몇 군데 부목사 자리를 봤었고 갈 뻔도 했지만 결과는 주저앉게 되었다. 목사 안수를 받고 난 후 교회는 매우 빠른 성장(?)을 했는데 8평이 비좁은 상황이 되었다. 이때 한천교회 역사의 길이 남을 그 유명한 〈돼지갈비판매〉를 시작했다. 교회 청년이 다니던 고기 가공업체에서 돼지갈비를 받아서 판매했다. 목적은 교회 이전을 위한 기금을 마련하기 위함이었는데, 그 결과 놀랍게도 3,800만원이라는 순 수익을 얻었다. 없는 교인들이 헌금을 하고 어머니의 도움으로 현재 있는 화평동으로 옮겨가게 되어 평수도 50평이나 되는, 우리에겐 대궐 같은 크기의 교회가 되었다.

2) 지역과 함께 하는 성장기

2005년 화평동 소재로 약 50평이나 되는 엄청난 크기의 교회로 옮긴 후 교회는 가파른 성장(?)을 했다. 결산이 증가하여 2006년엔 생계형 부업을 더 이상 안 해도 될 정도가 되었고 2006년부터 교회에서 목회자 사례가 되었다. 그리고 '지역과 함께 하는 교회'라는 모토를 세웠다. 이를 위해 시작한 것이 교회에서 시작한 '공부방'이었다. 지역의 아이들을 위한 학습지도였다.

공부방은 발전되어 교회를 나와 지역에 따로 세워지게 되었다.

그리고 이때부터 설교(신학)가 달라졌다. 교회성장에 대한 한계를 잘 알고 있었다. 지역과 나의 수준으로 소위 말하는 중대형 교회가 될 수 없음을 알았다. 그렇다면 작은 교회로서 어떻게 목회를 할 것인가? 그 질문은 '지역과 함께 하는 교회'라는 모토를 더욱 구체화하고 더욱 다양화하는 방향으로 나아가게 하였다. 아이들이 증가하여 교육관이 필요했고 교회 옆 건물을 얻어 교육관을 넓혀갔다.

하지만 지금에 돌이켜 보면 '설교' 정도를 바꾸어 가며 나름대로 교인들의 뜻을 모아가는 정도였을 뿐, 목회자로서 보다 명료한 신학이 없었다. 계속해서 지역을 위한 사업이 다양화 되어 공부방은 〈지역아동센터〉로 발전하였고 국가복지시설로 전환되었다. 지역에 어른들을 위한 시설로 '탁구장'도 만들었다.

무엇보다 인천에 연탄을 필요로 하는 어려운 분들을 위해 〈인천연탄은행〉이 전국 19호점으로 설립되었다. 겨울이면 연탄봉사현장을 지키고, 봄여름이면 지역아동센터를 돌보았다. 노인들을 위한 무료급식소를 열어 일주일에 4회 점심을 제공하였다. 이런 제원은 그 동안 지역과 함께한 연대를 통해 가능했다.

그러면서 목회도 나름대로 열심히 하여 결산도 증가하고 교인수도 증가하였다. 무엇보다 교인이 대부분 젊은 층으로 구성되어 상당한 비전이 있었다. 그러나 이런 많은 다양성과 확장 가운데 목회자의 신학은 빈약하여 마치 메말라 가는 우물처럼 느껴졌다. 성장이 어떤 '성장'인지를 고민하게 되었고, 목회가 무엇이고 설교가 무엇이며 크게는 '기독교'를 제대로 알고 가르치고 있는지, 이런 고민과 생각들이 많아졌다.

3) 2015년(목회 전반기)부터 그 이후

신학은 목회를 하면서 가장 필요한 준비이며 공부이여야 함을 절실히 경험한다. 목회자 자신이 기독교에 대한 정리가 없는데 어떻게 '기독교'라는 간판을 걸고 목회를 할 수 있겠는가! 어느 신학자는 이렇게 말한다. "신학을 하지 않은 사람이 목회를 잘한다." 이 말은 기독교적 목회가 아니라 비즈니스적 목회를 잘 한다는 말로 이 시대 교회의 현상을 꼬집어 말 한 것이다.

필자가 이 소고를 쓰면서 가장 많이 한 생각은 '나의 지난 15년의 목회는 참으로 실수가 많았다'라는 반성이다. 어떤 부분에 가서는 실수가 아니라 대놓고 비즈니스를 한 것으로 정리해야 할 시기도 있었다. 이것은 참으로 부끄럽다. 필자의 책꽂이엔 셀 수 없이 많은 신학 책들이 진열되어 있다. 그러나 필자의 삶과 목회와 정신에는 신학이 그렇게 많이 들어 있지 않았다. 그러니 부끄러운 목회의 실수와 실패를 돌아보게 된 것이다. 예수를 전하는 일을 때론 잊고 지역사역들 자체가 목적이 되어 교회의 일로 착각(?)했던 것이 있었다. 내가 목사인지 사회복지사인지 스스로도 점검 없이 일했던 것이다. 다행히 이 소고를 통해 다시 한 번 새 부대(마9:17)를 만드는 일에 기도하게 하신 주님의 은혜에 감사한다.

한천교회가 2015년(목회전반기) 현재 지역을 위해 돕는 일
　1) 인천연탄은행(송현동) - 인천 전 지역에 겨울동안 연탄보일러를 사용하는 독거노인과 어려운 이웃에게 연탄을 지원하는 일

　2) 밥상공동체(송현동) - 인근에 70세 이상, 자녀와 비거주, 전월세

입주자 중에 있는 어르신들께 주 4회 점심 및 반찬을 드리는 일

3) 모리아지역아동센터(송현동) – 송현동, 화평동, 화수동 인근에 보호와 교육이 필요한 아이들을 돌보는 일

4) 해찬탁구교실(화평동) –인근 지역주민들이 탁구를 통해 행복해 할 수 있도록 지역에 탁구장을 개방하여 지원하는 일

5) 인천주거복지지원센터 – L.H.와 연계하여 비닐하우스, 쪽방촌, 여인숙 거주자 등에게 주택지원을 통해 가정이 회복되도록 돕는 일

6) 협동조합카페제이(송현동) – 작은결혼식, 돌잔치, 여행모임, 독서모임 등 마을에 소통과 교류의 공간이 되고 있다.

4. 한천교회 〈기독교 전도지〉

교회는 전도해야 한다. 예수를 전하고 예수의 삶으로 살게 하는 것이 교회의 목적이다. 교회가 아무리 많은 일을 한다 해도 전도하는 일과 연관이 없거나 전도를 하지 않는다면 울리는 꽹과리(고전13:1)일 뿐이다. 한천교회를 중심으로 약 5분 거리에 펼쳐진 사역들은 모두다 전도를 위한 것이다. 필자 역시 사회복지사(자격증은 소유했지만)가 아니라 목회자이다.

아무리 밥을 드리고 연탄을 드리고 아이들을 돌보고 주거를 지원한다

해도 다른 사회복지사들이 충분히 하는 일들이고 더 잘 할 수 있는 일들이다. 사회복지와 교회가 같이 무료급식을 한다면 당연히 달라야 한다. 교회는 육적인 밥만 드리는 곳이 되어서는 안 된다. 영적인 밥을 드려야 하는 곳이어야 한다. 목사가 하는 것이 사회복지사와 하는 것과 달라야 함도 같은 이유이다. 구제하고 어려운 사람들을 돕는 일이 마치 교회가 당연히 해야 하는 것처럼 되어 있다. 그렇지 않다고 생각된다. 교회는 개인을 사회를 구원하는 일에 분명한 목적을 갖고 하는 곳이다. 왜 구제하고 왜 어려운 사람을 도와야 하는가? 그분들을 그 구조들을 구원해야 하기 때문이다. 교회로 전도해 와야 한다. 예수를 알리고 예수로 사는 기쁨을 맛보게 해야 한다. 필자는 목회자이고 마을신학은 교회가 중심이다. 교회는 전도하는 곳이다. 예수를 알게 하고 예수로 살게 하는 길을 여는 곳이다. 그런 사람들이 모이는 곳이다. 교회가 없이는 마을교회나 마을신학이라 할 수 없다.

이 소고의 결론은 '교회전도지'이다. 마을신학의 핵심도 교회전도지 이다. 교회와 관련된 일들이 전도지에 들어가야 한다. 교회 밖의 사람들을 교회로 전도해 와야 하고 예수를 알고 살아내는 구원의 삶을 살게 해야 한다. 다만 핵심은 읽을 사람들의 언어로 전도지를 만들어야 한다는 것이다. 이미 기독교 안에 있는 사람들이 알아들을 수 있는 언어로만 전도지를 만들면 곤란하다고 생각한다.

이제 소고의 정리이자 마지막 결론이다. 현재 인천광역시 동구 화평동에 소재한 〈기독교 대한 감리회 한천교회〉가 지역에 전도할 때 사용할 전도지를 만든다. 이 전도지는 교회를 한 번도 출입해 보지 못한 사람도 읽었을 때 무슨 말인지 최대한 알 수 있도록 언어를 선택한다.

또한 기존 교회를 출입하다가 다니지 않는 사람에게도 이해할 수 있는 언어를 선택한다. 내용에는 '기독교'가 무엇인지 설명한다. '한국적 기독교'가 무엇인지 설명한다. 그리고 '감리교회'가 지향하는 바를 설명한다. 이 모든 설명의 내용을 담은 곳이 '한천교회'임을 결론짓는다. 전도지이기에 가장 큰 고심은 짧으면서 명확한 언어 선택이다. 그리고 전달하고자 하는 그 고유명사(기독교, 대한, 감리회)의 뜻을 선명하게 하는 간결성과 전달성이다.

기독교 대한 감리회 중부연회 인천동지방 한천구역 한천교회'[18]의
기독교 전도지 내용

---

18 '기독교대한감리회'에 있는 교회들의 정식 소속 명칭 내용이다. '기독교대한감리회'는 한반도 전역과 해외에 나가있는 모든 소속 선교사, 및 목회자를 포함한다. '연회'는 현재 13개 연회가 있다. 북한 전역을 '서부연회'라 하고 미국 전역을 '미주특별연회'라 한다. 서울연회(서울 한강 이북지역), 서울남연회(서울 한강 이남지역), 중부연회(인천 전역과, 일산포함, 경기일부지역), 경기연회(경기도 남부지역), 중앙연회(의정부, 수원을 포함한 경기도 동부지역), 동부연회(춘천, 강릉, 원주 등을 포함한 강원도 지역), 충북연회(충주, 청주, 대전을 포함한 충청북도 지역), 충청연회(천안, 서산 등을 포함한 충청남도 서쪽지역), 남부연회(세종시를 포함한 충청남도 일부와 전라북도 지역), 호남선교연회(전주, 광주를 포함한 전라남도 지역), 삼남연회(경상도 전역과 제주도 포함). '지방회'는 각 연회에 소속된 단위이며, 현재 각 연회마다 약 12-30개 이상의 지방회가 소속되어 있다. 행정구역단위로 하며 현재 '구'나 '시'단위의 조직이다. 보통 하나의 지방회에는 평균 약 25-40개 이상의 교회들이 소속되어 있다. 현재 한천교회가 소속된 중부연회에는 31개의 지방회가 조직되어 있다. '인천동지방'은 감리교의 최초의 지방조직이다. 인천광역시 동구, 서구 일부에 있는 41개 교회의 조직체이다. 'OO구역'은 당회-구역회-지방회-연회-총회의 의회 순서의 부분(구역회)이기도 하지만 그 교회가 있는 마을, 동네를 나타내며 해당 교회가 감당해야 할 지역의 범위라고 생각된다. '한천구역'이라 함은 한천교회가 인천광역시 동구 화평동에 소재하였기에 최소한 교회 주변 약 500M 사방의 지역문제나 지역복지나 지역의 영적문제 등을 감당해야 한다고 생각된다. 반드시 감당해야 할 선교구역이다. 한천교회는 화평동, 송현동, 화수동에 지역문제나 복지나 영적문제는 책임지고 감당해야 한다. 이렇게 '기독교대한감리회 중부연회 인천동지방 한천구역 한천교회'라는 정식명칭을 갖는다.

(대상기준 : 한국에서 중학교 이상을 마치고 자기 일을 갖고 있는 60
대 이하의 사람을 기준으로 한다.)

하나. '기독교'란 2천 년 전 로마제국의 침략을 당한 이스라엘이란
나라에 태어난 예수라는 사람의 삶의 내용과 그가 한 일에 대한
내용을 담고 있습니다. 우리나라도 1910년-1945년 동안 일제의
강점을 당했을 때 많은 서민들은 매우 힘든 삶을 살았습니다. 예수는
자신의 조국에서 힘들고 어렵게 살았던 많은 서민들을 위해 함께
먹고 살면서 병도 고쳐주시고, 하나님의 말씀으로 용기도 주시고,
약자들을 힘들게 하는 강자들에게 맞서 싸우셨습니다.
끝내는 그 시대의 많은 부조리의 개선을 위해 일하시다가 로마제국이
나라를 혼란시킨다고 하여 잡아다 십자가에 처형하였습니다. 기독교
는 2천 년 전 이 예수의 삶과 그의 일에 공감을 하여 선택한 사람들이
예수의 인격을 닮고 예수의 일을 하는 공동체입니다. 이 세상을
최소한의 '상식'과 최대한의 '인간애'로 만들고자 하는 공동체입니다.

둘. '한국적 기독교'란 약 130년 전에 우리나라에 기독교가 미국
선교사들을 통해 전해져 왔습니다. 우리나라는 그 전부터 약 5천년의
오랜 전통과 문화가 있었습니다. 한국적 기독교란 우리나라의 전통과
문화를 버리지 않고 기독교 전통과 잘 조화롭게 하고자 합니다.
조상에 대한 예의나 부모님들에 대한 효나 이웃과 상부상조하는
모든 것들이 기독교 안에 있습니다.

셋. 저희 교회는 '감리교회'입니다. 감리교회는 1700년 대 영국에서
시작된 교회입니다. 감리교회는 "첫째, 누구나 이웃입니다. 둘째,

상식적인 문화와 종교와는 대화를 합니다. 셋째, 세상을 이롭게 하고자 하는 교회"입니다. 한천교회는 기독교의 정신을 실행하며 '인간애'를 높은 가치로 여기는 교회입니다. 한천교회는 한국적 문화와 전통을 존중하며 이웃을 위한 상부상조를 실천하는 교회입니다.

한천교회는 감리교회답게 다르다고 하여 '거부'하는 것이 아니라 상식적으로 대화하며 상생(서로 잘 살자)하는 일을 찾아 우리 지역을 이롭게 하는 교회입니다.

한천교회가 돕고 있는 일들

1. 인천연탄은행(송현동) – 인천 전 지역에 겨울동안 연탄을 난방으로 하는 독거노인 및 어려운 이웃들에게 연탄을 지원하는 일

2. 밥상공동체(송현동) – 인근에 75세 이상, 자녀와 비거주, 전월세 입주자 중에 있는 어르신들께 주 4회 점심 및 반찬을 드리는 일

3. 모리아지역아동센터(송현동) – 송현동, 화평동, 화수동 인근에 보호와 교육이 필요한 아이들을 돌보는 일

4. 해찬탁구교실(화평동) – 인근에 지역주민들이 탁구를 통해 행복해 할 수 있도록 지역에 탁구장을 개방하여 지원하는 일

5. 인천주거복지지원센터 – L.H.와 연계하여 비닐하우스, 쪽방촌, 여인숙 거주자 등에게 주택지원을 통해 가정이 회복하도록 돕는 일

6. 협동조합카페제이(송형동) – 작은결혼식, 돌잔치, 여행모임, 독서모임 등 마을에 소통과 교류의 공간이 되고 있습니다.

한천교회는 지역에 필요한 센터와 시설들을 위해 계속 지역을 살피는

일에 최선을 다하고 있습니다.

이상이 전도지의 내부 내용이다. 물론 이 전도지의 내용을 인쇄하여 지역에 전해지려면 한천교회 교우들을 비롯한 많은 선배님들 후배들 지인들의 조언을 참고하여 수정을 거듭해야 한다. 학자들의 도움도 절실하다. 무엇보다 교회를 출입하지 않았던 사람들에게 먼저 시험적으로 제시하여 그들이 알아들을 수 있는 언어와 내용으로 지적받은 후 수정하는 것이 중요하다. '구원''대속''회개''십자가' 와 같은 언어들은 우리(기독교적 언어 내에 사는 사람들)는 너무도 편한 언어이지만 교회 밖의 사람들은 가장 어려운 언어들이 된다. 교회의 모든 것은 전도해야 하는 것이고 교회의 전도지는 교회 밖의 사람들을 고려하여 언어를 선택해야 한다.

5. 소고를 마치며

작은교회, 큰 교회는 1차적으로 물리적 크기로 나누어지지만 2차적으로 교회가 감당하는 내용의 양으로 나누어진다. 교회의 사명을 감당함에 있어 작은 교회니까 작게, 큰 교회니까 크게 감당하면 된다. 그 내용과 사명은 같다. 그래서 작은교회는 어떠하고 큰 교회는 어떠하다라는 오늘날 다소 부정적인 이분법적 구분은 바람직하지 않다. 어떤 사람들이 어떤 교회들을 다니며 주어진 삶을 살면서 열심히 땅(자신)을 향해 떨어뜨린 땀들이 있다. 이 땀들을 하늘(하나님 나라)을 향해 쌓아두는 보화(마6:19-21)로 경험하게 하는 교회의 사명은 같다. 자신을 하나님의 나라로 인식하는 전환의 경험이 교회에서 일어나는 부흥이다. 이 부흥은 절실하다. 이런 교회의 성장은 계속 계속 일어나야

한다. 교회는 멈춰질 수 없다. 예수의 십자가 죽음은, 우리를 이미 구원한 그 대속은 우리보고 교회의 물리적 크기를 지향하면서 오락가락 하거나 신학부재의 유혹에 빠지라고 하지 않았다. 교회는 예수를 알게 하고 살게 하는 공동체이다.

　 * 전체 내용(각주)은 논문과 책에서 참고하여 필자의 생각과 동일한 부분을 그대로 발췌,편집 하였다.

Chapter 05

초록교회의 마을 사랑방 만들기
박훈서 목사 (군산행복한교회)

이메일 : xelux81@gmail.com

카카오ID : cholok81

페이스북 : facebook.com/cholokla

부르심 그리고 준비

목사 안수를 받고 초록교회에 부임하기 전에도 나는 행복한 전도사였다. 신학교를 다니던 교육 전도사 시절, 교육부의 한 부서를 맡아서 사역을 할 때에도 내가 하는 일이 목회라는 사실을 일깨워주시고 언젠가 또 다른 교회에서 펼쳐질 목회를 위한 훈련의 과정을 겪고 있음을 인정해주시는 목사님과 동역할 수 있었다. 업무의 양이 적었던 것은 아니다. 섬기던 교회의 차원에서 전도사가 훗날 목회를 위해 준비할 시간을 배려해 주셨던 것이다. 생각할 자유를 주고 목회 철학을 쌓도록 대화를 나눠 주셨던 것이 나로 하여금 '행복한 전도사'로 느끼게 해주었다. 그리고 지금 돌이켜 보니 그러한 행복한 전도사 시절에 준비하고 마음에 품고 있었던 목회가 초록교회에서 실현되고 있다. 하나님의 섭리에 절로 고개가 숙여지는 이유다.

서울 한남동의 한마음교회에서 수련목회자 과정을 지나고 있을 무렵, 신학교 시절 나를 좋게 봐 주신 선배 목사님께로부터 연락을 받고 만나뵙게 되었다. 이야기인즉슨 강원도 동해시에 위치한 한 작은 교회에 담임자로 올 수 있겠느냐는 것이었다. 초록교회였다. 제안을 주셨던 선배 목사님은 워낙 신뢰가 되는 분이셨고 당시 수련목회자 과정 이후 다음 임지를 위해 기도하던 차였기에 마음이 동하는 제안이었다. 그래도 혼자서 결정할 수는 없어서 결정은 뒤로 미루고 아내와 함께 깊이 고민을 하면서 기도의 무릎을 꿇었다.

선택의 기로에서 두리번거리는 나에게 주님이 주신 마음이 있었다. 그런데 그 마음이 더 골치 아팠다. '하나님 나라를 위해 어떤 목회를 꿈꾸는가?' 어느 방향으로 갈 것인지 정확한 길을 알려주시면 좋으련만 또 다시 심오한 물음으로 나를 부르셨다. 사실 이 물음은 나에게는 익숙한 물음이었다. 신학교를 벗어나 목회 현장에 나온 후부터 신학교 동기 목회자들과 〈아레오파고스〉라는 모임을 만들고 그 모임에서 내내 함께 고민했던 바가 바로 '하나님 나라를 위한 목회는 무엇이며, 과연 나는 어떤 목회를 꿈꾸는가?'라는 물음이었기 때문이다.

그때부터 새벽예배를 마치면 교회 사무실로 들어가 '어떤 목회를 꿈꾸는가!'라는 문서 파일을 만들어 한 문장씩 채워나갔다. 그 문장 속에는 그동안의 사역의 경험과 신학책 속에서 발견했던 길, 그리고 선배, 동료 목회자들과 나누었던 숱한 대화들의 영향이 진득하게 남아 있다. 당시에 적었던 목회의 방향성을 요약하자면 이와 같다.

1. 하나님 나라의 가치와 의미가 있는 목회
2. 나의 신념(믿음)과 소신을 지킬 수 있는 목회
3. 뜬구름 잡지 않고 삶에 맞닿아 있는 목회
4. 부르신 그 곳에서 Long-run할 수 있는 목회

이러한 목회의 방향성을 기준으로 삼기로 하였다. 그리고 그 기준 위에 강원도 동해의 초록교회를 올려놓고 생각하였다. 포기해야 할 것들이 수없이 많아보였다. 평생 천안과 서울을 오갔었는데 동해시는 멀어도 너무 멀게 느껴졌다. 여름철 휴가지 이상도 이하도 아니었던 곳에 삶의 터전을 마련하러 가려니 엄두가 나질 않았다. "태백산맥 넘어가기는 쉬운데 다시 돌아오기는 정말 어렵다."는 말을 들으니 겁이 나기도 했다. 하지만 당시 나에게 주어진 길들 중에는 태백산맥을 넘어 초록교회에

가는 것이 하나님이 주시는 물음에 가장 근접한 길이라는 마음을 떨칠수 없었다. 특히 전임 목사님과 초록교회가 다져놓은 '영동지역 탈핵운동'과 〈초록도서관〉에 대한 이야기를 들으면 동하는 마음이 확신이 되어갔다. 이곳이라면 나의 신앙적 신념과 소신을 잃지 않고 가치 있는 목회를 할 수 있다는 확신이 들었다. 그렇게 초록교회에서의 목회를 위한 준비 과정이 시작되었다.

초록교회가 하나님이 나를 부르신 곳이라는 확신이 들자마자 그곳에서의 목회를 위한 준비를 해야겠다고 생각했다. 물론 말씀과 기도, 목양의 훈련 등도 마땅히 준비해야 할 요소이다. 감사하게도 나는 수련목회자 과정을 밟으면서 그러한 훈련을 모범적으로 받았다. 섬기던 교회는 훈련을 받을 최적의 장소였고 담임 목사님께도 매우 긍정적인 영향을 받을 수 있었다. 교육부에 국한된 목회 훈련이 아니라 장년부와 소그룹, 단기 프로그램 등 다방면에 걸쳐서 소중한 경험을 쌓을 기회가 제공되었다. 게다가 그 담임 목사님께서 목회를 처음으로 시작하셨던 곳이 바로 강원도 동해였기 때문에 대화를 통해 여러모로 유익한 정보를 얻을 수 있었다.

그러한 기본적인 훈련과 준비는 물론이고 나는 초록교회가 진행하고 있는 〈초록도서관〉 사역에 대한 전문적인 준비도 해야겠다는 마음이 생겼다. 작은 도서관이지만 처음으로 겪어보는 도서관 업무들을 맞닥뜨리게 되면 당황하게 되고 소중한 시간을 허송세월할 수도 있겠다는 생각이었다. 분명히 전문적인 준비가 필요했다. 그리고 그런 전문적인 준비는 강원도 영동지방으로 내려간 상황에서는 이루어지기 어렵다고 보았다. 서울에 거주하고 있을 때 목회자 부부의 전문적인 역량을 키워야겠다는 생각했다.

그래서 나와 아내는 사회복지사, 독서지도사, 심리상담사, 부모교육사 등의 자격증 과정을 공부하기 시작했고, 도서관 내 장서 정리, 분류 방법과 하브루타 교육법 등도 공부하게 되었다. 또한 도서관의 자리를 지키고 있을 사람으로서 다방면의 '익히 알려진 책'(특히 인문학 분야)들을 읽으려고 노력했다. 지금도 그러한 준비 과정을 이해해주고 배려해준 교회에 고마운 마음이 가득하다. 그러한 준비가 인적 자원이 절대적으로 부족한 지방에서는 분명히 선용될 수 있을 것이라고 생각했다. 실제로 2년이 지난 지금 나와 아내는 초록도서관을 통한 사역 속에 그 당시의 공부했던 바를 적용하고 있다. 지방이라는 특수한 상황에서는 전문적인 자격을 가지고 있다는 것이 굉장한 장점으로 작용하기도 한다.

〈아레오파고스〉에서 함께 목회를 고민했던 동료 목사님이 이런 말을 한 적이 있었다. "교회 개척을 할 때 절대 맨땅에 헤딩하지 마라!" 사실 그 목사님이야말로 '맨땅에 헤딩'이라는 말이 썩 어울리는 교회 개척을 했었다. 그런데도 "절대 맨땅에 헤딩하지 마라!"라고 말했던 이유가 있다. 목회의 현장에 맞닥뜨렸을 때 교회를 세우는데 필요한 아주 기본적인 요소인 시설이나 인테리어 등과 같은 구색 맞추기에 신경을 쓰다가 '어떤 목회를 할지'에 대해 연구하고 준비할 골든타임을 놓쳐버린다는 것이다. 그런 면에서 초록교회는 이미 기초를 잘 닦여있는 곳이었다. 탈핵 운동을 비롯한 사회 운동과 초록도서관 사역을 위한 인프라가 잘 구축되어 있었다. 정작 준비가 되어있지 못한 건 목회자의 역량이었다. 목회자의 골든타임을 놓치지 않는 것이 중요했고 준비할 시간이 무척 많이 필요하다고 판단하였다.

내가 스스로 일하는 방식을 되돌아보았다. 좋게 말하면 신중하며 실수 없이 차분하게 일하는 스타일이지만, 나쁘게 말하면 결단력이 부족하고 업무 처리의 속도가 느리다고 스스로를 판단했다. 그러한 업무 스타일을 바꾸기는 쉽지 않을 것이다. 그래서 나는 초록교회에서의 목회를 위한 준비 단계를 부임 전으로 앞당긴 것이다.

초록교회에 부임을 한 후에 준비를 시작하는 것은 때늦은 출발이라고 생각했고, 확신이 있던 만큼 지체할 필요가 없었다. "그렇게 급허면 어제 출발허지 그랬시유!"라던 코디미언의 내 고향 충청도식 유머가 힌트가 되었다고 할까? 물론 당시에 섬기던 교회에서 내가 맡았던 주력 사역에도 최선을 다해 임했다. 현재의 목회에 최선을 다하는 것이 미래의 목회를 위한 최선의 준비임을 잊지 않았다.

오늘날 전도사들의 사역 현장을 바라보며 느껴지는 안타까움도 그런 맥락이다. 신학생과 전도사들에게 훗날의 목회를 준비할 여유가 없다. 교회 안에서는 소위 다음세대라 부르는 교육부만을 맡아서 운영하고, 설교하게 된다. 장년부 설교는 열 번도 채 하지 못하고 단독 목회의 현장에 내던져지는 초년생 목사가 얼마나 많은가? 대규모 수련회는 훌륭히 치루면서 성도 한 가정 한 가정을 심방하는 경험은 매우 생소하다.

화려하고 규모 있는 예배를 디자인하던 경험은 있지만, 성도들과 가정, 직장, 취미 등과 같은 삶의 자리에 대한 이야기를 나누었던 경험은 턱없이 부족하다. 교회의 수많은 프로그램들을 기획, 진행하는 것에 대부분의 시간을 쏟지만 전도사 이후의 단독 목회를 위한 준비에는 시간을 투자하지 못하고, 교회에서 그런 시간이 허락되지도 않는다.

한마디로 말해서 '훈련 받는 교회'에서 '훈련'이 어려워진 것이다. 단독 목회에 대한 고민과 준비할 시간도 없이 현장에 나와서 그제야 고민을 시작한다. 신학생, 전도사 시절에 그 고민과 준비를 마치고 단독 목회의 현장에 나올 수 있으면 얼마나 좋을까? 적어도 꿈꾸고 있는 목회의 형태에 필요한, 전문적인 준비가 진행되는 상태로 목회 현장에 나선다면 무척 많은 시간과 재정을 아낄 수 있을 것이다.

문턱 없는 교회, 울타리 넓은 교회

신학교 시절 지우고 싶은 흑역사('없던 일로 하고 싶은 과거의 일'을 뜻하는 신조어)가 하나 있다. 그런데 역설적으로 하나님은 그 흑역사를 내가 꿈꾸는 목회의 방향성이 되게 하셨다. 당시 나는 소명의식 없이 신학교에 입학했다가 신학을 공부하면서부터 '목회'라는 뜨거운 소명을 품게 되었다. 특히 천안의 한 장애인 보호 시설에서 봉사했던 경험에서 비롯된 장애인을 위한 목회를 마음에 품고 있었다.

당시 나에게 신학과 목회의 열정을 불어 넣어주신 분들이 계셨다. 그 중에 한 분은 실제로 신체적 장애를 가지고 계신 분이셨다. 철없던 신학교 초년생 때, 아직도 이해할 수 없는 무례한 질문을 그분에게 했었다. 그분에게 "제가 장애인을 향한 목회를 꿈꾸고 있는데 해주실 말씀이 있으신가요?"라고 물었던 것이다. 지금 돌이켜보면 너무 부끄러운 일이고 왜 그렇게 생각이 없었을까 의아했던 기억이기도 하다. 그야말로 지우고 싶은 흑역사다. 나중에 지인을 통해서 간접적으로 사과도 전해드렸었다. 그런데 나의 무례한 질문에 답하신 그 분의 대답이 일품이었다. "장애인을 위한 목회가 아니라, 문턱이 없는 목회를 하세요!" 어느 특정한 사람들을 위해서만 작동하는 목회가 아닌 모든 사람들에게 열려 있어서 누구나 어려움 없이 접근할 수 있는 교회를 세워 나가라는 말씀으로 받아들였다. 15년이 지난 지금도 나는 〈문턱 없는 교회〉를 지향하고 있다.

초록교회에서 큰 포부를 갖고 발걸음을 시작할 무렵에는 교회가 상당히 불안정했다. 말로만 들었을 때에는 보이지 않았던 크고 작은 문제점들이 몸으로 부딪히니 구석구석 보이기 시작했다. 초록교회에서의 청사진만 들고 있기에는 부족한 것 같았고, 보다 현실적인 대처가 필요하다고 판단하였다. 대처를 하려면 문제점을 먼저 파악해야 할 것이다.

어엿한 작은 도서관 시설이 갖추어져 있고 많지는 않지만 목회자를 신뢰하는 좋은 성도들이 있다는 점은 초록교회의 큰 장점이다. 또한 동해시에서는 가장 번화한 천곡동에 위치하고 있다는 것도 장점이다. 그럼에도 불구하고 초록교회가 가지고 있었던 치명적인 약점도 두드러졌다. 우선 초록교회의 위치의 한계가 분명했다. 천곡동 중심가에서 조금 벗어난 언덕, 그리고 가장 큰 건물의 5층, 반대편에서조차 교회의 창문을 찾아보기 힘든 위치였다. 애써 하늘을 향해 고개를 들지 않는 이상, 지나가던 사람이 교회를 보고 찾아오기 어려운 위치다.

건물 꼭대기의 십자가나 간판이 무의미했다. 그리고 도서관이 갖추어져 있지만 여러모로 미흡한 점이 많았다. 지역 주민에게 거의 알려지지 않았고 책을 읽는 문화가 활성화된 지역도 아니었기 때문에 이용객은 극소수였다. 개관한지 수년이 지났지만 새롭게 시작하는 것과 다르지 않았다. 그리고 교회의 구성원들이 대부분 가족 친지 관계였기 때문에 보이지 않는 〈문턱〉이 감지되었다. 교우들 간에 어떤 문제가 발생하여 한동안 교회에 발걸음을 끊으신 분도 계셨다.

초록교회의 약점을 정리해보니 문턱 정도가 아니라 지역사회를 향해 두꺼운 벽이 세워져 접근을 불가능하게 만들고 있다고 생각하였다. 하지만 놀랍게도 이러한 약점을 앞에 두고도 전혀 실망하거나 당황하지 않았다. 초록교회가 그동안 닦아놓았던 길을 포기하고 새로운 길을 강구하고픈 욕심도 생기지 않았다. 하나님은 나로 하여금 초록교회가 가진 가능성과 희망을 볼 수 있게 하셨다. "문턱을 없애고, 울타리를 넓히면 되는 일이다!" 동해시에 연고가 전혀 없는 목회자 부부에게는 쉽지 않은 일이지만, 이곳에서 새로운 관계들을 만들어나가면 되는 것이다. 희망은 충분했다. 그 희망을 품고 나는 사람들을 만나러 다녔다. 교회의 문턱을 낮추고 울타리를 확장하기 위한 나의 주된 업무는 많은 사람들을 만나는 것이었다. 다른 할 일이 없었기 때문이기도 하다.

전도지를 들고 불특정 다수를 만났던 것은 아니었다. 1차적으로는 초록교회의 성도들을 부단히도 찾아갔다. "초록교회가 없어진다!"는 소문도 났던 터라 목사는 심방을 통해서 교회와 목사에 대한 확신을 줄 필요가 있었다. 초록도서관으로 출퇴근하는 길에 성도들의 사업장을 각각 적어도 일주일에 두 세 번씩은 찾아갔다. 그리고 그곳에서 성도님과 친분이 있는 사람들과의 관계를 확장시켜 갔다. 교회에 발걸음을 끊으신 성도님에게도 그렇게 찾아 갔다. 1년 동안 주일예배는 단 한 번도 참석하지 않으셨지만 그 1년 동안 일주일에 한 두 번씩을 꼭 찾아가서 만났고 한 달에 서너 번은 함께 식사를 나눴다. 2년 가까이 된 지난 지금은 매주일 함께 예배를 드리고 있다. 확실히 작은 교회 목회의 힘은 심방과 인격적 교제에서 나온다!

2차적으로는 초록교회, 초록도서관과 함께 선한 일을 함께 도모할 사람들을 만나러 다녔다. 여기에는 하나님의 놀라운 섭리가 바탕 이 되었다. 교회 건물 6층에 들어온 멘토링 전문 사회복지NGO인 〈러빙 핸즈〉의 지부장님을 만나고 공감대를 형성하게 되었다. 동해지역에서 사회복지사 경력이 두터운 지부장님을 통해서 수많은 좋은 관계들을 새롭게 형성할 수 있었다.

향후 초록도서관의 재도약의 시발점인 〈동해시 건강가정지원센터〉와의 만남도 이 관계의 확장을 통해 시작 되었다. 이외에도 여러 소모임을 진행했던 〈한살림〉, 참신한 지역 화폐 운동인 〈마음 은행〉과도 만났다. 이러한 모든 과정을 나와 함께 했던 아내는 동해시의 지역 조사와 재정 마련을 위해서 〈인구주택총조사〉의 스태프로 일하면서 지역사회의 특성을 깊이 알아보기도 하였다.

지역 사회의 많은 사람들을 만나면서 깨달은 점이 있다. 대도시에서의 목회나 소도시에서의 목회, 또는 시골에서의 목회도 인간의 삶의 자리와 삶의 방식과 밀접하게 연관되어 있을 수밖에 없다는 것이다. 교회 안의 성도들 뿐 아니라 교회와 작은 관계의 끈을 맺고 있는 사람들도 그 삶의 자리와 삶의 방식은 천차만별이며 그나마 겉으로 드러나 보여서 목회자가 파악할 수 있는 부분은 일부분일 뿐이다. 그렇기 때문에 인간의 다양한 삶의 자리와 양식을 바라보며, 보듬고, 선한 영향력을 주어야 하는 목회자에게는 타인의 삶을 면밀히 살필 줄 아는 세심함과 인간 존재를 향한 너그러움이 필요하다. 그런 세심함과 너그러움을 원동력으로 교회의 문턱을 깎아내고 울타리를 넓히는 것이 초록교회의 가능성이 되었다.

사실 초록교회에 부임한 초기에 우리가 할 수 있는 일은 그것이 전부라고 생각했다. 내가 선택할 수 있는 유일한 길이었지만 하나님은 그런 만남을 통해서 예상하지 못했던 새로운 선한 사역들을 계획하고 계셨다.

지역사회를 향한 선한 영향력

2016년 1월, 나는 매우 중요한 한 달을 보냈다. 초록교회에서의 장기적인 목회를 구상하는 점에서 아주 중요한 두 개의 일정을 치러야 했다. 하나는 아내와 함께 기도원으로 가서 하나님의 계획을 묻고 말씀을 통해 길을 모색하는 일이었다. 1월의 첫 주, 아내와 함께 서울의 한 기도원에 들어갔다. 특별히 유진 피터슨의 「메시지 성경 (신약)」을 읽어 내려가면서 목회를 위한 지혜를 구했다. 성경을 읽으면서 나의 심령을 잡아 끄는 구절이 있었다. 이전에도 수없이 읽었던 말씀이었지만, 깊이 들여다 본 적이 없는 말씀이었다. 누가복음 13장 18절 이하에 나오는 "하나님 나라는 겨자씨와 누룩의 경우와 같다."는 예수님의 비유였다.

예수께서 말씀하셨다. "하나님 나라는 무엇과 같은가? 그것을 무엇에다가 비길까? 그것은 겨자씨의 다음 경우와 같다. 어떤 사람이 겨자씨를 가져다가 자기 정원에 심었더니, 자라서 나무가 되어, 공중의 새들이 그 가지에 깃들였다." 예수께서 다시 말씀하셨다. "하나님 나라를 무엇에다가 비길까? 그것은 누룩의 다음 경우와 같다. 어떤 여자가 누룩을 가져다가, 가루 서 말 속에 섞어 넣었더니, 마침내 온통 부풀어 올랐다."(누가복음 13:18-21, 새번역)

'행복한 전도사' 시절부터 나의 신앙의 키워드는 '하나님 나라(Kingdom of God)'였다. 하나님의 온전한 다스림을 받는 하나님 나라의 백성은 그 이름에 부끄럽지 않은 삶을 살아내야 하는 의무가 있다. 그래서 성령 하나님의 힘을 힘입어서 하나님의 백성답게 사는 것이 그리스도인이 이 세상에서 살아가는 방식이다. 이것이 나의 목회 철학의 요체였다. '영과 육', '성과 속'이 이분법적으로 나뉘는 것이 아니다. 예수님이 전하신 복음은 인간의 삶에 고스란히 맞닿아있다.

그러므로 삶을 빼놓고 삶 이후만 다루는 것은 목사의 직무유기이다. 예수님은 겨자씨와 누룩이라는 작은 요소가 그 자리에서 어떤 영향력을 발휘하여 주변을 온통 변화시키는 것을 보시고, 이것이야말로 '하나님 나라'를 설명하는데 적합하다고 여기셨다. 이 말씀을 깊이 묵상하면서 하나님께서 내게 주시는 초록교회의 방향성을 깨달았다. 초록교회가 바로 이 겨자씨와 누룩이 되어야 한다는 것이다. 초록교회가 살아가는 삶의 자리에서 선한 영향력을 끼치며 지역사회를 점차 변화시켜나가는 것이 하나님 나라를 지향하는 교회다운 길이었다.

"한마디로 내 말은, 성숙한 사람이 되라는 것이다. 너희는 천국 백성이다. 그러니 천국 백성답게 살아라. 하나님이 주신 너희 신분에 합당하게 살아라. 하나님께서 너희에게 하시는 것처럼, 너희도 다른 사람들을 대할 때 너그럽고 인자하게 살아라."(마태복음 5:48, 메시지 성경)

그리스도의 몸 된 교회가 살아가는 방식은 무엇일까? 하나님 나라의 백성답게, 하나님이 주신 정체성에 합당하게 살아가는 것이 교회가 선택해야 하는 유일한 길이다. 단 한 번도 뵌 적이 없지만 좋은 시에 좋은 멜로디를 만들어 노래하시는 목사님을 페이스북을 통해서 알게 되었다. 종종 그 목사님이 올리시는 악보를 보며 노래를 부르곤 했는데, 그 중에서 내 마음에 큰 울림을 주는 노래가 하나 있었다.

조동화 시인의 〈나 하나 꽃 피어〉라는 시에 잔잔한 멜로디를 가미한 노래였다. "나 하나 꽃 피어 풀밭이 달라지겠냐고 말하지 말아라. 그리 말하지 말아라. 나도 꽃피고, 너도 꽃피면 결국 풀밭이 온통 꽃밭이 되는 것 아니겠느냐. 온통 꽃밭이 되는 것 아니겠느냐." 이 노래에 얼마나 감동했던지, 바로 그 목사님께 "이 노래를 교회에서 사용해도 되겠느냐." 고 여쭙고 몇 주간 성도들과 함께 불렀었다.

초록교회는 작은 교회이다. 하지만 초록교회가 동해시 천곡동이라는 풀밭에서 꽃 피어오르면 하나님은 우리를 꽃씨로 삼아서 결국 이 지역사회를 온통 꽃밭으로 만들지 않으실까 하는 소망을 가진다. 나는 초록교회가 살아가는 바로 이곳에서 꽃 피워 선한 영향력을 주변으로 확장시켜가는 것이 초록교회의 정체성임을 깨달았다.

2016년 1월의 두 번째 일정은 바로 이러한 맥락에서 시작된 일이다. 초록도서관을 통한 사역을 시작한 것이다. 초록교회가 지역사회에 선한 영향력을 어떻게 끼칠 수 있을까? 사실 선택의 여지는 없었다. 초록교회에는 이미 작은 도서관 시설이 되어 있었고, 이 도서관을 접고 다른 방향으로 전환하기에는 시간과 재정이 턱없이 부족했다. 어쨌든 초록도서관이 지역사회와 소통하고 선한 영향력을 끼치는 통로가 되어야 했다. 하지만 도서관은 오늘날 손꼽히는 사향사업이다. 동해시에 있는 두 곳의 훌륭한 시설의 대형 도서관조차 이용하는 사람이 많지 않았고, 독서를 위해 오는 사람보다는 시험공부를 위해 오는 사람이 태반이었다. 그런 현실에서 초록도서관이 어떤 길을 가야 할지 고민했다.

새해에 초록교회가 어떤 방향으로 가야 할지 고민할 때, 초록도서관에 대한 나의 인식의 변화가 생겼다. 그것은 '책 중심의 도서관'이 아닌 '공간 중심의 도서관'으로의 전환이었다. 지역의 많은 사람들을 만나면서 주민들이 무료로 자유롭게 이용할 수 있는 독립적인 큰 공간을 구하기가 여간 어려운 것이 아니라는 말을 자주 들었다. 사람들이 필요로 하는 공간을 기꺼이 내어주는 것은 우리 초록교회가 충분히 할 수 있는 일이었다. 감사하게도 이미 그런 공간은 마련되어 있었다. 주일에 초록교회의 교우들과 이 문제를 가지고 논의하여 교우 모두가 뜻을 모았다. 그렇게 초록교회의 도서관 사역의 재도약이 시작되었다.

'공간 중심의 도서관'으로 방향을 전환하면서 곧바로 1월 셋째 주부터 초등학생 대상으로 〈도서관 프로그램〉을 기획, 진행하였다. 동해시는 다른 지역보다 군인 가족과 맞벌이 가족이 많은 특성 때문에 마을에서 방치되는 아이들이 많았다. 더군다나 학교를 가지 않는 겨울방학에는 아이들이 온갖 위험에 노출되어 있었다. 그런 아이들에게 쉴 수 있는 공간과 양질의 교육 기회를 제공하는 것이 〈초록도서관 프로그램〉의 취지였다. 정해진 열 명의 모집 인원이 금세 차버리고 인력과 공간의 제약 때문에 선착순으로 모집할 수밖에 없어 아쉬워해야 했다.

이 프로그램에서 특별한 무언가를 했던 것은 아니었다. 하지만 참여한 아이들에게는 따뜻한 도서관에서 이루어지는 프로그램이 특별한 시간으로 받아들여졌다. 첫 프로그램이었기 때문에 투입되는 인력이 목회자 부부 뿐이어서 거의 모든 영역이 목회자 부부의 역량에 의존했다. 앞서 언급했던 미리 준비한 전문적인 공부가 빛을 발한 것은 이 때부터였다. 아내가 교육받은 '하브루타 교육법'을 기반으로 기획된 첫 번째 〈겨울방학 프로그램〉에서 동해시의 열 명의 초등학생들은 신나게 놀고, 멋지게 이야기하고, 참신하게 자신만의 작품을 만들었다. 참여했던 아이들의 부모님들은 2월이나 학기 중에도 이 프로그램이 진행되는지 재차 물었고 계획이 있다면 따로 연락을 달라고 신신당부를 했다. 첫 번째 초록도서관 겨울방학 프로그램은 그 자체로 앞으로의 1년의 지침이 되었다.

초록교회가 지역 사회에 선한 영향력을 끼치기 위한 첫 걸음은 초록도서관을 통한 소통이었다. 요즘에는 초록교회 목회에 대해서 호기심을 갖고 있는 많은 분들이 "그렇다면 도서관 프로그램을 통해서 신자가 얼마나 늘었습니까?"하고 묻는다. 물론 도서관 프로그램을 지속하면서 참여했던 아이들과 부모들의 예배 참여와 교회 등록이 이어져 실제로 신자가 늘었다. 하지만 나의 대답은 예배 참여 인원이 얼마나 증가했는지에 관한 것이 아니다. 초록교회가 초록도서관 사역을 지속하는 목적도 교회 성장이 아니다. "교회를 향한 하나님의 유일한 명령은 교회 성장이다!"라는 말에 동의하지도 않는다.

초록교회는 도서관 프로그램을 성장의 발판으로 삼지 않았다. '하나님 나라를 살아가는 하나님의 백성답게, 초록교회가 이 지역에 선한 영향력을 끼쳐서 하나님을 영화롭게 하는 것'이 목적이었다. 하나님으로부터 받은 가능성과 희망을 꽃으로 피우고, 꽃씨를 흩날려 주변을 온통 꽃밭으로 변화시키는 것이다. 솔솔 불어오는 성령의 바람은 초록교회의 꽃씨를 멀리 날려줄 것이다. 초록교회는 꽃을 피우는 것에 최선을 다하고 그 결과는 오로지 하나님께 맡길 것이다. 선한 영향력은 가득 차고, 넘쳐흘러서 주변으로 흘러가는 특징이 있다. 하지만 본질은 선함과 영향력이 있음이 아닐까? 초록교회는 우선 그 본질에 충실할 것이다.

지속성이 열쇠다!

3월부터 학교의 방학이 끝나고 아이들의 생활은 학교와 학원으로 돌아갔다. 그렇다고 초록도서관 초등학생 교육 프로그램을 멈출 수는 없었다. 작은 도서관을 기점으로 지역 사회와 소통하는 초록교회로서는 지속성이야말로 최선의 도구이다. 일회성 프로그램으로는 깊은 관계를 맺을 수도 없을뿐더러 선한 영향력을 끼칠 수도 없다. 지역 사회와 소통하는 작은 교회에 지속성은 선택이 아닌 필수다.

2월 한 달, 1년 동안의 프로그램 계획을 세우고, 필요한 물품을 구비하면서 준비하였다. 3월이 되자 가장 먼저 시작한 것은 10주 동안 매주 토요일에 진행되는 〈초록도서관 토요일 놀이터〉였다. 지난 겨울방학 프로그램과 같은 맥락으로 진행되었고, 크게 '놀이 활동', '독서, 독후 활동', '만들기 활동', '창작, 발표 활동' 등으로 이루어졌다. 이 프로그램부터는 목회자 부부를 도와줄 수 있는 봉사자들이 생겨났고, 하루를 맡길 수 있는 외부강사도 초빙하였다. 물론 이들도 전년도부터 만나서 꾸준히 좋은 관계를 가져왔던 동해 시민이었다. 초록교회가 도서관을 통해서 선한 사역을 지속하자 교회 밖의 사람들도 흔쾌히 동참의 뜻을 밝혀 주었다.

도서관 프로그램이 매번 성공적으로 운영된 것은 아니다. 도서관 토요일 프로그램이 진행되던 중에 초등학생들을 위한 평일 보육 프로그램도 함께 기획되었다. 사교육에 과도하게 의존하고 있는 동해 거주 가족들의 대안 교육으로서 준비된 프로그램이었다. 하지만 평일 보육 프로그램은 신청자가 적은 이유로 개설되지 못했다. 가장 심혈을 기울인 프로그램이었기에 실망도 컸다. 맞벌이 가족이 많고 사교육 의존도가 높은 동해지역의 아이들은 학교를 마친 후, 곧바로 학원 차량을 이용해 사교육 현장으로 이동했다.

초록도서관 프로그램은 수년 동안 방과 후 시간을 책임졌던 사교육에 비해서 더 가치가 있는 일이었지만 '지속성'이라는 측면에서 검증받을 충분한 시간이 없었다. 냉정하게 프로그램을 평가해보니 오히려 사역 초반에 이런 실패를 맛보게 된 것이 복이라고 생각했다. 선한 가치를 잃지 않고 그 길을 지속적으로 걷는다면 해결될 문제였다.

그래서 초록도서관에서는 이후에도 〈여름방학 프로그램〉, 〈가을학기 토요일 프로그램〉, 〈겨울방학 프로그램〉을 개설하면서 하나 의 고정적인 브랜드를 만들어 내었다. 준비 과정에서 힘든 부분이 분명히 있었지만 지속성이라는 가치를 잃지 않기 위해서 부지런히 준비하고 진행했다. 도서관 프로그램을 통해서 초록교회의 식구가 된 어린 친구에게 들었던 말 중에 나의 기분을 좋게 만들었던 말이 있다.

그 아이가 살고 있는 지역은 초록교회가 있는 천곡동과는 꽤 멀리 떨어져있는 이도동이었다. 아이가 "초록도서관에 가요."라고 말하자, 함께 있던 분이 "아! 초록도서관 알아! 거기 목사님도 만난 적 있어!"라고 대답하셨다는 것이다. 아직도 나는 그분이 누구인지 알지 못한다. "초록도서관을 통한 초록교회의 소통이 지속되면서 점점 영향권이 확장되는구나!"라고 생각하니 기뻤다. 초록도서관의 지속성이 영향력을 만들어내는 현상은 또 다른 사례로 증명된다. 도서관 프로그램이 개설되면서 상반기에는 참여 인원을 모집하고자 꽤 고생을 하고 마음을 졸였다. 하지만 여름부터는 프로그램을 기획해서 간단한 '웹 포스터' 하나를 만들어 지역 밴드와 관계를 맺고 있는 곳의 SNS에 올리기만 하면, 하루 이틀 만에 신청 마감이 되는 일이 많아졌다. 이제는 지역 사회 속에서 어느 정도의 신뢰를 쌓았다는 확신이 든다.

초등학생들을 대상으로만 프로그램이 진행되었던 것은 아니다. 남녀노소를 불문하고 모두에게 열려있는 초록도서관 공간이기를 바랐다. 나의 마음에도 '마을 공동체의 사랑방' 내지는 '가족 공동체의 함께 배움터'의 역할을 초록도서관이 감당해야 한다는 소명이 생겨났다. 지난 1년 동안에는 〈건강가정지원센터〉의 공동육아나눔터

프로그램을 초록도서관에서 진행했다. 유아들과 젊은 엄마들에게는 양질의 프로그램을 제공했고, 초등학생들에게는 방학과 학기 중 토요일 프로그램을 진행했다. 중고등학생들이 초록도서관에서 자유롭게 가지고 놀 수 있는 보드게임들도 상당수 구비했다. 평일 낮 시간이 자유로운 성인들을 대상으로는 기타 교실을 개설했다. 가족공동체를 위한 〈만들기 강좌〉나 〈독서 모임〉, 그리고 거기서 파생된 인문학 세미나도 꾸준히 열리고 있다.

2015년에는 많은 사람들을 만나면서 지역 사회에 씨를 뿌렸다면 2016년에는 싹을 틔워야 했다. 싹을 틔우기에 성공했다고 마음 놓고 있을 수는 없다. 사실 초록교회가 지속성의 검증을 통과하기 위해서는 지난 1년의 시간으로는 부족하다. 그래서 2017년과 2018년이 매우 중요한 시점이 될 것이다. 지난 해 말에는 프로그램의 기획과 진행의 대부분을 담당하는 나와 아내가 체력적으로, 또 정신적으로 고갈되어가는 느낌도 있었다. 그러한 위험신호를 좌시하지 않고, 해결책을 고민하면서 롱런(Long-run)할 수 있는 작은 도서관 사역의 모델을 만들어 나가야 하는 책임감을 느낀다. 열정이 있는 곳에 하나님의 도우심이 있기를 기대하면서 말이다.

혼자 이룰 수 있는 것은 아무 것도 없다.

초록교회의 초록도서관을 통한 사역은 반드시 누군가와의 연대와 협업을 전제한다. 그것이 초록교회와 같은 작은 공동체가 지역 사회에 뿌리내리는 최적의 방식이라고 생각했다. 그래서 초록교회에 부임한 이후부터 끊이지 않는 나의 기도제목 중 하나는, "이 지역 사회에서 선한 사역에 동역할 수 있는 사람들을 보내주소서!"라는 것이었다. 목회자 부부의 역량에만 의존하는 프로그램은 머지않아 밑천이 드러날 것이다. 체력적으로도, 정신적으로도 한계가 있으며 좋은 아이디어가 끊임없이 솟아나는 것도 아니었다. 재정적인 문제에 봉착할 것은 불 보듯 뻔했다.

지난 2년간 초록교회의 행보를 돌이켜 볼 때, 하나님의 놀라운 도우심이 있었다고 고백하지 않을 수 없다. 강원도 동해시는 지역 색채가 굉장히 보수적이고 물질적이며 기복적이다. 그럼에도 초록교회는 영동지역의 탈핵운동과 사회운동에 적극적으로 참여하고 있다. 예배의 설교도 마찬가지다. 성경을 해석할 때 현실 세계의 문제와 적극적으로 연관시켜 말씀을 전하고, 되도록 성도들의 삶에 맞닿아있는 설교를 하려고 노력한다.

'자본 중심'을 지향하는 지역에서 '가치 중심'을 외치는 교회다보니 무턱대고 사람들과 동역할 수는 없는 노릇이었다. 그래서 생각하게 된 가장 손 쉬운 방법은 지역 사회에서 이미 '선한 일'에 동참하고 있는 사람들과의 연대였다. 물론 전략적으로 그들과 만났던 것은 아니다. 생각지도 못한 기회에 그런 선한 마음을 가진 좋은 사람들과 마음을 나누고 연대하게 되었다.

내가 초록교회에 부임한 후 처음으로 참석했던 공식적인 모임은 바로 초록교회가 있는 건물 바로 위층으로 들어오는 멘토링 전문 사회복지 NGO기관인 〈러빙핸즈〉의 강원지부 개소식이었다. 초록도서관에서 진행된 개소식에서 초록교회, 초록도서관은 러빙핸즈와 상호 협력을 약속하였다. 지금까지도 서로 많은 부분을 동역하고 도움을 주고받고 있다. 특별히 독실한 기독교 신자인 강원지부의 지부장님과의 만남과 소통은 지역사회에서 관계의 망을 넓혀 가는데 큰 도움이 되었다. 초록도서관 프로그램을 구상할 때에도 실제적인 정보와 도움을 받았다. 우리 목회자 부부 또한 러빙핸즈의 멘토로 활동하면서 조손 가정, 한부모 가정에서 자라고 있는 아이들과의 1:1 멘토링을 지속하고 있다. 한 영혼을 귀하게 여기시는 하나님의 마음이라는 목회의 본질을 곱씹게 만드는 소중한 만남이다.

초록도서관 사역을 하면서 언급하지 않을 수 없는 또 하나의 파트너가 있다. 전국에 분포되어있는 건강가정지원센터 중에서도 손꼽히게 잘 운영되는 동해시 건강가정지원센터이다. 러빙핸즈를 통해 알게 되어 서로의 선한 뜻에 공감하며 2015년 말 지역사회를 위한 선한 일에 협업하기로 약속하였다. 실제적인 방향을 고민하던 무렵, 건강가정지원센터의 제안을 받았다. "초록도서관의 공간이 아이들이 자유롭게 놀기 좋으니 〈공동육아나눔터〉로 지정해서 가족 품앗이들이 이용하게 하는 것은 어떻습니까?"라는 것이었다.

건강가정지원센터에 이미 〈공동육아나눔터〉가 있지만, 보다 많은 가족들이 이용하기 위해 외부에 위치한 〈제 2의 공동육아나눔터〉를 개소하기로 뜻이 모아졌다. 공동육아나눔터의 일부 프로그램들이 초록도서관에서 진행되었고, 가족 품앗이들에게는 자유롭게 놀 수 있는 놀이터가 되었다. 나와 아내도 건강가정지원센터와 공동육아나눔터에 연계되는 여러 프로그램에 투입되어 선한 영향력을 끼치는 시간을 갖기도 했다.

또한 초록도서관 사역과 함께 초록교회의 아주 중요하고 가치 있는 사역인 삼척핵발전소 건립 반대 운동의 파트너인 〈핵 없는 세상을 위한 동해시 기독교 연대〉도 빼놓을 수 없다. 초록도서관 자체의 여러 프로그램들이 정신없이 기획, 진행되다가도, 〈핵 없는 세상을 위한 동해시 기독교 연대〉의 목사님들과 만나게 되면 다시 초심을 돌아보게 된다. 〈한살림 생활협동조합〉도 초록도서관과 함께 연대하는 소중한 파트너이다. '생명운동'에 대한 나의 개인적인 신념과도 맥이 통하는 연대이다. 동해시 한 살림에서 진행하는 규모 있는 행사들과 소그룹 모임을 초록도서관에 유치하면서 서로 좋은 영향을 주고받고 있다.

이외에도 초록도서관 프로그램들을 돕는 봉사자들과 참여자들도 초록도서관 사역에 연대하는 동역자들이다. 이 소중한 관계를 소홀히 여기지 말자는 다짐을 하게 된다. 또한 그들이 인정하는 초록교회와 초록도서관의 방향성을 결코 잃지 말자는 마음도 먹어본다.

초록교회는 작은 교회이고 초록도서관도 작은 도서관이다 보니 여러 가지 한계도 절감하고 있는 것이 사실이다. 목회의 열정은 크지만 현실적인 상황은 매우 제한적이다. 아이들이 많이 드나드는 장소가 되니 교회의 시설의 열악함이 눈에 보이기 시작했다. 보일러 시설이 없어 뜨거운 물을 사용할 수도 없고, 에어컨이 없어 여름철에는 개점휴업의 위기였다. 화장실 시설도 구식이어서 이용하는 사람들의 불편함이 있었다. 그렇다고 당장 시설을 개선해 나갈 수도 없는 노릇이었다. 재정적인 여건이 충분치 못했기 때문이다. 때마다 머리를 싸매고 고민하고 아쉬워해야 했다.

그런 상황에서 뜻하지 않은 도움의 손길이 있었다. 몇 분의 독지가들과 지방의 비전교회를 돕는 도시교회의 도움으로 온수기와 에어컨이라는 큰 문제를 해결할 수 있었다. 또한 공동육아나눔터를 통해서 안전한 바닥매트와 CCTV까지 지원되었다. 한 번도 뵌 적이 없는 분들이 초록교회의 선의를 보고 기꺼이 후원하시고, 책을 기증하시기도 했다. 이런 도움을 받을 때마다 그분들에게 큰 감동과 감사함이 있다.

초록교회와 초록도서관이 선한 의도를 가지고 발걸음을 지속하다보니 나도 모르는 사이에 곁에서 함께 걷고 있는 사람들이 있었다. 혼자 이룰 수 있는 것은 아무 것도 없다. 함께 걷고 있는 사람들을 통해서 필요할 때마다 채워졌다. 나의 신앙의 눈으로 볼 때, 하나님의 섭리라고 고백하지 않을 수가 없다. 이 만남들을 통해 갈 길을 인도하시는 하나님의 섭리에 경탄할 뿐이다.

균형 잡힌 교회를 향하여

이 글에서는 〈초록도서관 사역〉을 중심으로 목회 이야기를 풀어 놓았지만, 사실 초록교회 목회의 가장 중요한 부분은 무엇보다 초록교회 안에서 이루어진다. 그것도 그럴 것이 초록도서관에서의 모든 일은 '사업'이 아닌 '사역'의 관점에서 이루어지기 때문이다. 초록교회의 목회 철학이 바탕이 되지 않았다면, 굳이 이렇게 힘든 길을 선택하지 않았을 것이다. 초록도서관 사역은 빛도 있지만 그림자도 존재한다. 이 사역을 통해서 큰 수익을 얻어 목회자 가정의 생존의 문제를 해결할 수 있는 것도 아니다. 교회 공동체의 정체성에 대한 확고한 신념이 없다면 도전하기 어려웠을 것이다. 그렇기 때문에 초록교회가 초록도서관을 통해서 '마을 사랑방'을 만드는 시도는 교회이기 때문에 가능하다.

목회자 혼자만의 믿음으로 밀어붙이는 것도 아니어야 한다. 그것은 개인의 욕심에서 발로되는 방식이다. 〈초록교회〉라는 이름으로 함께 모인 교회 공동체가 뜻을 모아 이루어가야 하는 공동체의 사역이어야 한다. 감사한 것은 "하나님 나라의 가치관을 가지고 삶의 자리에서 선한 영향력을 끼치는 그리스도인이 되어야 한다!"는 초록교회의 정신에 공감을 하고 뜻을 모으는 성도들이 존재한다는 것이다.

초록교회의 담임자로서 항상 고민하고 있는 점은 기독교 전통에서 언급하는 교회의 기본적인 사명인 '케리그마', '디다케', '코이노니아', '디아코니아'의 균형을 제대로 맞추고 있느냐는 것이다. 이 네 가지의 가치는 어느 것 하나 포기할 수 없는 기본적인 것이다. 초록교회는 비록 작은 교회 공동체이지만 토대가 튼튼한 교회가 되길 바란다. 그래서 말씀과 삶이 괴리되지 않도록 하는 말씀을 일관성 있게 준비해서 선포한다.(케리그마) 또한 성도들이 스스로 신앙의 문제에 깊이 다가서면서 목회자에 맹목적으로 의존하는 신앙에서 탈피할 수 있도록 수요일 저녁 모임을 이용해 쉬운 언어로 평신도 신학과 성경을 교육한다. (디다케) 주일 오후의 시간은 교제의 시간이다.

초록교회의 모든 성도들이 때로는 놀이를 하고, 때로는 여행을 가며, 문화생활을 즐기기도 한다. 시간이 가는 줄도 모르고 수다 삼매경에 빠질 때도 있다.(코이노니아) 그리고 초록도서관 사역을 통해서 지역사회를 섬기며 선한 영향력을 끼치는 것에 힘쓴다.(디아코니아) 이렇게 균형 잡힌 교회 공동체로서 충실할 때 하나님이 이루실 선한 계획을 신뢰한다.

하지만 균형 잡힌 교회를 세워나갈 때, 마냥 즐겁기만 한 것은 아니다. 초록교회 목회에서도 숱한 어려움을 맛본다. 나의 목회적 신념에 적합하지 않은 메시지와 교회성장을 종용 당하기도 하고 아이디어 부족으로 한계를 경험하기도 한다. 목회자 가정의 생존과 성도들과의 코이노니아, 그리고 도서관 프로그램 준비에서 겪는 재정적인 어려움은 초록교회와 초록도서관에서 내내 겪고 있는 문제다. 사람들이 모여서 같은 일을 도모할 때에 벌어지는 인간관계의 갈등들도 목회의 어려움을 느끼게 한다. 또한 주중, 주말 할 것 없이 바쁜 일상을 보내다보니 체력적으로도 힘들다. "목회, 만만치 않다."는 말을 종종 되뇌게 된다.

하지만 이런 어려움이 있음에도 불구하고 이 길이 하나님이 부르신 바로 그 길이기에 기꺼이 걷는 것이다. 나의 사업이 아니라 하나님 나라를 위한 사역이기에 교회의 기본적인 사명 중 하나라도 가볍게 여길 수 없다.

하나님 나라는 의와 평화와 기쁨이다. (롬14:17)

「우리가 교회다! 시즌2」의 제안을 받고 무척 당황했다. 이제 기껏해야 2년도 안 된 초록교회의 목회에 대한 이야기를 풀어놓아야 하는데 사람들이 놀랄만한 획기적인 성장이나 결과물이 초록교회의 사역에는 아직 없어 보였다. 초록도서관을 통한 마을 사랑방 만들기 사역이 분명히 성과를 거두고 있지만 고작 1년을 지속했을 뿐이고 더 중요한 시기를 앞에 두고 있다. 다른 귀한 목회를 감당하시는 목사님들에

비해서 초록교회와 초록도서관의 지난 1년간의 행보는 작은 발걸음에 불과하다고 생각되었다. 2-3년이 지난 후에는 더 풍성한 이야기를 나눌 수 있을 것이다. 하지만 이렇게 「우리가 교회다! 시즌2」에서 초록교회 이야기를 풀어놓는 이유는 두 가지이다. 하나는 미자립교회를 담임하고 있는 목사에게 닥치는 유혹들에서 자유롭기 위해서이다.

"2-3년 초록교회에 있다가 다른 곳으로 가려면 참여하지 말고, 10년을 바라본다면 참여하라!"는 마음이 있었다. 나는 하나님이 주신 사명을 즐거이 감당하며 나와 모든 성도들이 함께 일구어 갈 10년 후의 초록교회를 기대한다. 다른 하나의 이유는 이제 막 색깔 있는 목회의 첫 걸음을 뗀 초록교회의 이야기가 오히려 뒤 따르는 후배 목사님들에게는 시간의 간극이 크지 않아서 생생한 메시지를 전해줄 수 있다고 생각했기 때문이다. 특히 초록교회 목회 현장에서 겪는 고민과 준비, 목회 철학을 세우는 과정, 그리고 초록도서관 사역을 준비하면서 겪었던 노하우들이 도움이 되기를 바라는 마음으로 글을 쓴다.

"하나님의 나라는 먹는 일과 마시는 일이 아니라, 성령 안에서 누리는 의와 평화와 기쁨입니다."(로마서 14:17, 새번역)

초록교회에 부임한 이후로 성도들에게 숱하게 언급했던 성경 구절이다. 하나님의 나라가 성령이라는 원동력으로 의와 평화와 기쁨을 향해 나아간다는 이 말씀은 초록교회가 이 지역 사회에서 어떠한 방식으로, 어떠한 목표를 향해 나아가야한다는 사실을 분명히 말해주고 있다. 앞으로도 초록교회는 '더 효율적이고 더 많은 이득이 되는 것'이 아니라, 하나님 나라의 관점에서 볼 때 '더 가치 있는 것'을 선택할 것이다.

　모든 사람에게 열려있는 교회, 지역사회를 섬기며, 선한 영향력을 끼치는 교회, 합력하여 선을 이루는 교회, 기독교의 진리 안에서 균형 잡힌 교회가 되는 것이 초록교회의 꿈이다. 그리고 지난 2년 동안의 치열한 고민과 실행을 통해 터를 다졌다. 우리 초록교회는 이런 모습으로 아름답게 꽃 피울 것이다. 이 땅에 세워진 수많은 그리스도의 몸 된 교회들도 각자의 방식으로 아름다운 꽃을 피워내어 우리가 이내 마치 풀밭과도 같은 이 세상을 꽃밭으로 변화시켜가길 소망한다.

Part 3
생명과 평화로 소통하다

Chapter 06

건물 없는 교회
맘몬이 지배하는 세상에서 교회란 무엇인가?
김문선 목사 (좋은나무교회)

이메일 : moonsun1010@hotmail.com
카카오ID : moonsun1010
페이스북 : facebook.com/good.namu

새로운 여행의 시작

"사람이 떡으로만 살 것이 아니요 하나님의 입으로부터 나오는 모든 말씀으로 살 것이다."(마태복음 4장 4절) 신학교 시절 에릭 프롬(Erich Fromm)의 「소유냐 존재냐(To Have or To Be)」를 읽었다. 소유하기 위해 살아가는 삶의 방식과 존재하기 위해 살아가는 삶의 방식이라는, 두 가지 삶의 방식으로 풀어간 인생에 대한 저자의 해석이 흥미로웠다.

책을 읽어가며 부정할 수 없는 진실과 현실을 직면했다. 분명 내 삶은 소유를 지향했고, 예수는 존재를 지향했다는 것이다.생존을 위해 필요한 것은 욕구(needs)가 아니다. 영혼의 불안과 내면의 결핍을 채우기 위한 욕망(desire)의 촉발이 소유를 지향하는 삶을 살아가게 만든다. 자(資)를 본(本)으로 여기는 자본주의 사회에서는 더욱 그렇다. 소비와 소유를 통해 인간의 가치를 평가하는 소비사회가 욕망을 더욱 일렁이게 만든다.

예수는 말씀한다. "인간이란 떡으로만 사는 존재가 아니라, 하나님 입으로부터 나오는 모든 말씀으로 사는 존재다"(마4:4) 일상의 언어로 재해석한다면, 예수가 정의한 인간이란 영혼과 마음, 정신, 가치, 의미를 먹고 사는 존재다. 육체의 목숨이 살아있다고 해서 인간이 아니다. 보이지 않는 인간됨의 가치를 지향하며 영혼이 살아 움직일 때라야 인간으로 존재할 수 있다.

예수를 길과 진리, 생명으로 여기는 이유는 무엇인가? 살아있는 인간이 되기 위함이 아니던가. 자기 우상화에 빠진 인식과 시선의 장벽을 허물고 나를 넘어 너와 우리를 사랑하는 참자유와 평화를 위함이 아니던가. 욕망의 노예를 양산해내는 사탄의 구조와 그 구조 안에서 아무런 이유 없이 죽어가는 힘없는 생명들의 이름을 살리기 위함이 아니던가.

일상이 되어버린 교회와 목회자들의 타락, 그들의 소식이 언론매체를 통해 세상에 알려지는 일이 낯설지 않다. 등대가 되어 어둠을 향해 빛을 밝혀야할 이들이 세상의 어둠이 되었다. 삶으로 목격한 적나라한 현실의 고백이다. 적어도 내 자신에겐 말이다. 벌써 6년이란 시간이 흘렀다. 목사 안수를 받기 위해 선택한 3년의 인턴십(internship)과정이 마지막 해를 향해가고 있었다. 인생의 중요한 전환점이 될 만한 사건이 벌어지고 말았다. 그토록 마주하기 싫었던 교회와 목회자의 문제를 마주하게 된 것이다. 살기 위해 선택이 필요했다. 어떤 이는 용기 있는 선택이라 말한다. 그렇지 않다. 살기 위한 처절한 몸부림이었다. 그렇게 새로운 여행이 시작되었다. 심사숙고 끝에 몸담고 있던 교단과 교회를 떠나게 되었다.

문제의 중심, "맘몬"

"하나님과 재물을 겸하여 섬기지 못하느니라."(마태복음 6장 24절)

새로운 여행을 시작함과 동시에 질문이 차올랐다. '교회의 타락을 부추기는 근본적 원인은 무엇일까?' 바로 '맘몬'이라는 우상에 함몰된 교회문화였다. 기독교 신앙의 관점에서 볼 때 맘몬이란 부(富)를 관장하는 이방신이다. 여기서의 부는 금과 은, 돈에 국한되지 않는다.

번영과 관련된 권력과 명예, 소유에 대한 탐심까지 포함된다. 타락은 본질로부터 멀어지는 것이다. 한국교회의 타락은 '예수와 하나님 나라'라고 하는 본질의 상실로부터 시작되었다. 입술로 예수를 말하지만 중심엔 맘몬이 있었다. 예수를 길과 진리, 생명이라 외치지만 삶은 맘몬의 방식대로 작동되고 있었다. 예수는 성공과 번영을 약속하는 수단으로 전락해버렸다. 새로운 여행을 시작하며 예수의 사복음서를 다시 읽어나갔다. 진영의 논리, 성향과 삶의 자리가 만들어내는 인식의 빈틈과 편협함에 갇히지 않기 위해 스스로를 경계하며 묵상을 이어갔다.

묵상의 여정 속에 재확인한 예수의 가르침은 화석화된 도그마의 언어가 아니었다. 내세 지향적이지도 않았다. 지극히 일상적이며 현실적이었다. 지금 이 순간 우리가 마땅히 누려야할 생명의 언어였다. 그의 가르침은 자기 우상화 속에 허덕이는 삶에 경종을 울렸다. 불안과 탐심에 물든 마음을 정화시키며 잠자고 있는 우리 안의 신성을 불러냈다. 욕망의 중력을 거스르며 세상과 다른 삶의 방식으로 자유와 평화를 가져다주었다.

그러나 기성교회가 선포하는 예수는 달랐다. 역사와 분리된 예수였다. 초월적 메시야에 국한되어 있었다. 예수가 전한 하나님 나라는 개인의 내면과 내세, 성공과 번영이란 왜곡된 복음에 유실되었다. 목회자들은 선과 악, 몸과 영혼, 세상과 교회, 가정과 교회, 일상과 천국을 분리하기 바빴다. 교회와 설교, 목회는 상품으로 전락한 지 오래였다. 예수의 십자가는 삶이 아닌 상징에 갇혀 있었다. 앎과 삶의 불일치 속에 찾아오는 공허함은 열광주의에 도취된 왜곡된 신비주의가 채우고 있었다.

작은 공동체

"레슬리 뉴비긴을 포함한 성경학자들은 성경이 숫자보다는 신실함에 중점을 둔다고 본다. 사도 바울 역시 교회의 크기에 연연하지 않았고 선교의 성공 여부를 교회의 외적 성장으로 판단하는 일도 없었다. 그의 진짜 염려는 자신이 예수님의 발자취를 얼마나 신실하게 따르고 있는가 하는 것이었다."(슬로처치 slow church 中) 열매를 보면 뿌리를 안다고 했다. 행동을 통해 믿음의 중심을 만난다. 맘몬에 지배당하는 교회와 그렇지 않은 교회를 분별하는 일도 마찬가지다. 교회를 운영하는 사상과 방식, 문화를 보면 교회의 주인이 누구인지 알 수 있다. 교회에 예수가 있다면 성서를 통해 드러난 하나님 나라의 방식대로 교회가 운영될 것이다. 교회의 주인이 맘몬이라면 맘몬의 방식대로 교회가 작동될 것이다.

맘몬은 번영의 신이다. 여기서의 번영은 물질적 번영과 수의 확장을 함의한다. 번영에 제한은 없다. 맘몬이란 우상은 끝없는 물질적 번영과 수의 확장을 독려한다. 흘러감과 나눔은 사치다. 유기적 순환의 가치는 환상이라 속삭인다.맘몬에 물든 교회도 같은 방식으로 작동된다. 공교회성을 잃고 개교회주의로 빠진다. 이웃교회는 동역과 협력의 대상이 아닌, 경쟁 상대일 뿐이다. 수단과 방법을 가리지 않고 더 많은 교인을 소유하기 위해 열정을 쏟는다. 보이지 않는 신앙적 가치와 의미의 실현보다 눈에 보이는 결과를 신앙의 성공 기준으로 삼는다. 예수를 보라. 그는 공생애 사역 내내 소수의 제자들과 공동체를 이뤄 생활했다. 그를 따르는 이들은 많았다. 수많은 청중 앞에서 하나님 나라의 메시지를 선포했다. 그러나 대형화를 꾀하지 않았다.

작은 공동체를 지향한다고 해서 전도를 하지 않는 것은 아니다. 하나님 나라의 가치를 세상에 알리고 믿지 않는 자들에게 예수의 진리를 전해야 한다. 내가 속한 신앙공동체의 존재 가치를 이웃에게 알리고 공동체로 초대해야 한다. 문제는 신앙의 가치실현과 공동체성을 훼손하면서까지 수에 집착하는 대형화와 개교회주의다. 1000명의 교인이 출석하는 한 교회보다 100명의 교인이 출석하는 10개 교회, 혹은 50명의 교인이 출석하는 20개의 작은 교회가 공생하는 것이 하나님 나라답지 않은가?

이런 신학적 견해 때문일까? 대형교회를 볼 때마다 회의적인 생각에 사로잡힌다. '공동체라 불릴 수 있을까?', '설교만 하는 목회를 목회라 말할 수 있을까?' 수많은 인파들이 스타 목사의 설교를 듣기 위해 교회로 몰려든다. 서로의 이름과 얼굴, 삶의 이야기도 모른 채 설교와 예배를 소비한다. 목사와 교인들 간의 친밀한 사귐을 기대할 순 없다. 강단 위의 설교자와 설교를 듣는 청중만 존재할 뿐이다. 설교자는 청중들을 불편하게 만드는 예언자적 선포를 뒤로한 채, 욕망을 춤추게 하는 기복주의적 메시지로 청중들을 들뜨게 만든다.

인간은 유한하다. 제한적이다. 사귐과 관계도 마찬가지다. 만남을 수단이 아닌 목적으로 여기며 만남에 최선을 다할 수 있는 여력에 한계가 있다. 좋은나무교회 목회를 시작하면서 자신에게 물었다. '한 명의 목회자가 감당할 수 있는 교인의 수는 몇 명일까?' 내 자신의 답은 교회학교 어린이들까지 포함 50명이었다. 그 이상이 될 때 목회적 돌봄이 불가능하다 판단했다. 현재 좋은나무교회의 교인의 수는 목회자 가정을 포함 26명이다(2017.1월 기준). 교인의 수가 늘어 50명을 넘는다면 분립 개척을 자연스럽게 준비할 생각이다. 물론 분립 개척이라는 것이 말처럼 쉬운 일은 아니다. 억지로 할 수 있는 일도 아니다. 그러나 뜻이 있는 곳에 길이 있다고 믿는다.

노동하는 목사

"내가 복음을 위하여 모든 것을 행함은 복음에 참예하고자 함이라."(고린도전서 9장 23절)

새로운 여행을 시작하며 자비량 사역을 결심했다. 자립하기 위해서였다. 한 평생 최선을 다해 목회를 했지만 은퇴하며 돈 때문에 넘어지는 선배 목회자들을 심심치 않게 볼 수 있었다. 헌금을 유용하고 횡령하는 목사들의 소식도 자주 들려왔다. 돈이 전부인 세상에서 돈의 영향력은 믿음보다 컸다. 남의 이야기가 아니란 생각이 들었다. 건강한 목회와 신앙, 작은 교회를 세워가기 위해 자립(自立)이 절실했다. 그렇게 자비량 사역을 결심했다.30대 초반, 사회초년생이 되었다. 지인의 도움으로 여의도에 있는 신문사 겸 교육회사에 입사했다. 많은 성찰의 기회가 주어졌다. 자본주의 사회의 민낯과 구조의 모순을 적나라하게 목격할 수 있었다. 또한 내 존재의 현실과 영성의 현주소를 알아차린 시간이었다.

목청을 높여 선포했던 예수의 하나님 나라가 현실에선 이루기 힘든 이상이었다. 돈이 없으면 생존할 수 없는 사회구조 안에서 예수의 복음은 못 이룰 꿈이었다. 사랑하는 가족들을 지키기 위해 숨죽이고 살아가는 이들의 아픔, 아닌 줄 알면서도 생존을 위해 자신을 속이며 살아가는 보통 사람들의 서글픔을 느꼈다. 일상의 예배자로 살아가는 일이 얼마나 힘든 일인지, 노동에 지친 몸과 마음을 이끌고 매주일 예배당으로 나오는 교인들의 발걸음이 얼마나 귀한지 깨달았다.

교회 안에서 사색하며 기도하는 영성의 한계를 절실히 느낀 순간의 연속이었다.그렇게 시간이 흘렀다. 봄, 여름, 가을, 겨울, 다시 봄을 맞이했다. 퇴사를 결심했다. 가장 중요한 이유는 가치의 충돌이었다. 회사의 경영가치와 신앙의 가치가 충돌했기 때문이다. 수많은 의문과 자괴감, 과제를 안고 회사를 나왔다. 지금까지 자비량 사역의 여정은 계속되고 있다. 일용직 근로자, 구내식당보조, 강연, 집필. 최근에는 농촌선교단체인 〈생명의 망 잇기〉 사무국장으로 활동하고 있다. 앞으로의 여정이 어떻게 펼쳐질지 계획할 수 없다. 매듭, 매듭을 지어가며 길이 열리면 열리는 대로 길을 따라 걷고 있다.

자비량 사역이 나에게 준 가장 큰 선물은 '혹독한 낮아짐'이다. 교회 안에서 느끼지 못했던 현실의 장벽, 신앙인들이 느끼는 신앙과 현실의 괴리감, 아픔을 공감할 수 있었다. 단순한 공감을 넘어 내 자신의 현실이 되어 버렸다. 타인의 아픔이 나의 아픔이 되니, 앎과 삶의 불일치와 신앙에 대한 회의를 탓할 수 없었다. 인생은 원래부터 모호하며 완벽히 설명할 수 없는 것이었다. 완전한 선(善)도, 완전한 악(惡)도 없었다. 우리가 살아가는 현실의 세상은 이분법적으로 명확히 나눌 수 없었다.

언어와 개념, 논리와 이성만으로 설명할 수 없을 정도로 얽히고설킨 실타래와 같았다. 설교할 때의 마음가짐과 교인들을 바라보는 시선에 변화가 생겼다. 함께 흔들리며 서로의 아픔을 보듬어줄 수 있는 마음의 여백이 조금 넓어졌다. 자비량 사역 이전엔 확신에 찬 선포를 했었다. '왜 그렇게 못 사는가? 내가 당신들의 자리에 있으면 예수처럼 살 수 있을 것이다.' 라는 마음가짐으로 설교를 했다. 지금은 다르다. '나도 그렇게 살기 힘들다. 그러나 우리는 예수를 길과 진리, 생명으로 여기지 않는가? 하나님이 하신다. 믿음을 가지고 우리 함께 희망을 버리지 말고 예수를 따라보자.'

함께 꿈꾸는 교회

"그가 어떤 사람은 사도로, 어떤 사람은 선지자로, 어떤 사람은 복음 전하는 자로, 어떤 사람은 목사와 교사로 삼으셨으니 이는 성도를 온전하게 하여 봉사의 일을 하게 하며 그리스도의 몸을 세우려 하심이라."(에베소서 4장 11~12절)

교회는 그리스도의 몸이다. 몸은 각 신체 부위의 유기적인 관계로 존재하고 움직인다. 중요하지 않은 부위는 없다. 어디 하나 아프기라도 하면 온 몸이 신음한다. 우리의 몸도, 세상도, 교회도 그렇다. 그렇기에 더불어 살아가야 한다. 이웃은 짓밟고 일어서야 하는 경쟁상대가 아니다. 기대어 함께 살아갈 벗이며 존재의 끈이다. 그러나 맘몬의 정신은 이웃의 것을 탐하게 만들며 빼앗게 한다. 기성교회에 대한 회의를 깊게 느끼고 제도권을 벗어나 새로운 공동체를 꿈꾸게 한 원인 중 하나는 '밀실정치' 이다. 힘을 가진 소수의 기득권이 모여 자신들의 이익을 중심으로 정책을 결정하고 대중에게는 일방적으로 통보하는 모습이 유신정권의 모습과 매우 유사했다. 이런 모습을 닮지 않기 위해 운영위원회를 조직했다. 함께 꿈꾸고 행동하는 교회 문화가 세워지길 소망했다. 이런저런 시행착오도 있었다. 지금은 좋은나무교회의 아름다운 문화로 자리 잡아 가고 있다.

좋은나무교회의 부서는 교회의 기본적 역할을 중심으로 예배부, 선교부(친교부), 교육부, 재정부로 조직되었다. 운영위원회의에는 사역자 2명(목사, 교육전도사)과 4명의 부장들이 모인다. 각 부서의 월별 행사를 보고하고 서로의 의견을 나눈다. 운영위원회의를 통해 결의된 목회계획들은 교회 SNS와 주보를 통해 공지된다. 만약, 공동체 식구 중 이의를 제기한 사안이 있으면 재논의 된다. 또한 운영위원들은 연임 포함 최대 2년 간 활동할 수 있으며 이후 의무적으로 1년의 안식년을 가져야 한다. 매년 추수감수주일이 되면 공동의회를 개최한다. 한 해 동안 각 부서의 목회를 보고하고 하나님의 인도하심을 헤아린다. 여정의 발걸음을 뒤돌아보며 모든 성도들의 생각과 의견을 경청한다. 그렇게 수렴된 의견들을 모아 이듬 해 목회계획을 수립한다.

운영위원회의 조직과 운영의 궁극적 목적은 투명하고 민주적인 교회운영이다. 의무는 아니지만 모든 성도들에게 운영위원회의 참여를 독려한다. 운영위원회는 특별한 모임이 아니다. 자격조건도 없다. 좋은나무교회 식구라면 모두 참여할 수 있는 회의공동체다. 긴 회의가 교회의 분열을 조장한다는 사람들도 있다. 난 그렇게 생각하지 않는다. 열린 마음으로 서로의 의견에 숨어 있는 하나님의 뜻을 듣고자 한다면 교회의 회의는 은혜의 시간이 된다. 자신의 이익과 자존심을 위한 회의는 소모적이다. 반면 하나님 나라의 실현과 건강한 공동체를 세우기 위한 공공의 회의는 우리를 살린다.

안식의 공동체

"하나님이 일곱째 날을 복 주사 거룩하게 하셨으니 이는 하나님이 그 창조하시며 만드시던 모든 일을 마치시고 이 날에 안식하셨음이니라."(창세기 2장 3절)

번영의 신은 우리를 무한경쟁의 장(場)으로 인도한다. 척박한 생존의 현실에서 살아남기 위해 끝없이 일해야 한다고 가르친다. 쉼을 허락하지 않는다. 아무것도 하지 않으면 불안함을 느끼게 만든다. 맘몬을 섬기는 이들은 안식을 모른다. 몸은 쉬고 있더라도 마음은 쉬지 못한다. 번영의 삶을 꿈꾸며 쉼 없이 궁리하고 내일을 계획한다. 속도와 경쟁, 성취를 중시하는 사회 안에서 안식은 사치다. 이런 세상 문화에 함몰된 교회의 안식일은 분주하다. 수많은 종교행위와 이벤트를 개최한다. 이벤트는 나름의 이유가 있고 필요한 때가 있다. 그러나 끝없는 이벤트의 양산과 과다한 종교행위에 쫓기는 교회문화엔 문제가 있다.

교회 안에서 무엇을 하지 않으면 불안하다고 여긴다. 생명력 있는 신앙생활로 느껴지지 않는다고 말한다. 그러나 교회 안에서 무엇을 하지 않아도 괜찮다는 마음가짐이 필요하다. 어쩌면 기성교회의 교인들은 진정한 안식을 맛보지도 못한 채 신앙생활을 하고 있는지 모른다. 이벤트와 행사, 분주한 움직임을 신앙생활이 주는 기쁨의 전부로 착각하고 교회를 출석하고 있는지도 모른다. 세상에서 경험할 수 있는 샬롬의 평화란 무엇인가? '안식'이다. 멈춤 없는 움직임으로 인한 성취와 생산, 소비가 주는 쾌감과 질적으로 다르다. 안식일(Sabbath)의 일차적 의미는 '그치다'이다. 안식이 주는 평화는 그침으로 인해 찾아오는 하늘의 선물이다. 노동에 대한 그침만이 아니다. 몸과 마음, 영혼의 총체적 멈춤이다. 스스로 신이 되려 했던 미약한 시도를 포기하고 잃어버린 창조의 운율에 내 삶을 맡김으로 찾아오는 기쁨이다.

좋은나무교회를 목회하고 자비량 사역을 하며 안식의 필요성을 절감했다. 하나님께서 안식일을 만드신 이유를 몸소 체험했다. 자기 소외 없는 노동과 일상의 수고를 감내하기 위해 충분한 쉼이 필요했다. 하나님이 지으신 자연만물은 쉬어야만 사는 안식의 존재로 운명 지어졌다. 교인들의 안식일이 궁금해졌다. 교회에 와서 안식을 누리고 있는지 묻고 싶어졌다.

어떻게 해야 안식의 주일을 보낼 수 있을까? 가장 먼저 떠오른 생각은 '목회 프로그램의 간소화'였다. 주일은 예배와 공동체적 사귐에 집중하기로 했다. 함께 먹고 마시며 서로의 삶을 나누는 일에 집중했다. 좋은나무교회의 주일모임은 예배와 공동식사, 2부 프로그램으로 구성된다. 11시 오전예배 후, 공동식사로 친교의 시간을 보낸다. 2부 프로그램은 신앙성숙과 공동체의 일치를 위한 프로그램들을 진행된다. 프로그램이 없는 날엔 tea time으로 자유롭게 대화를 나눈다. 현재(2017) 좋은나무교회의 예배시간은 오후 2시로 변경되었다. 이로 인해 공동체 모임시간과 목회프로그램에 변화가 찾아왔다. 그럼에도 좋은나무교회의 주일모임의 중심주제는 안식이다. 일과 행위에 쫓기는 안식일이 아닌 말씀에 근거한 안식의 정신을 구현해내고 안식의 평화를 누리는 안식의 공동체를 꿈꾼다.

사회적 영성으로 확장

"온통 제 교회만 알고, 배부르기에 욕심을 내고 이웃의 가난한 이들은 돌아보지 않고 으리으리한 건물 짓기에 혈안이다. 뿐인가? 이 나라의 정치와 경제가 망가지고 힘없는 이들이 억울한 일을 당해도 나 몰라라 한다. 강도 만난 이를 구하는 사마리아 사람 이야기는 성경에만 있다."(밀실에 갇힌 예수 中)

개인과 구조는 떼려야 뗄 수 없는 관계다. 개인이 구조를 만들고, 구조가 개인을 만든다. 그렇기에 우리에게 닥친 현실문제는 개인의 문제만도, 구조의 문제만도 아니다. 개인과 구조가 복합적으로 만들어낸 문제다. 이런 문제를 해결하기 위해 개인의 변화는 물론이요, 구조의 변화도 동반되어야 한다. 건물 없는 교회와 자비량 사역을 하면서 현실의 한복판을 걷고 있다. 교회 안에 있을 땐 이정도인지 몰랐다. 생각보다 구조의 영향력은 지대했다. 개인의 열심과 변화로는 넘어설 수 없는 구조의 장벽은 높기만 했다. 구조의 모순과 구조의 악이 만들어내는 고통, 그 고통을 한국교회는 죄와 심판이란 틀로만 해석하고 있지 않은가? 그렇게 더 많은 기도와 종교적 희생을 강요하고 있진 않던가?

역사적 예수에 대한 공부를 조금이라도 해본 사람이라면 알 것이다. 예수의 십자가 처형이 담고 있는 의미가 무엇인지. 그 당시 십자가 처형은 정치범들에게 행하던 처형방식이다. 무엇을 뜻하는가? 예수의 가르침과 행적이 로마제국에 위협이 되었다는 뜻이다. 예수가 여느 유대종교지도자들처럼 회당과 성전에서 얌전히 수행만 했다면 십자가에 못 박히진 않았을 것이다. 예수의 하나님 나라는 개인적 영성을 넘어 사회적 영성까지 확장된다. 자기 자신과 가족, 이웃에게 국한된 이기적 사랑을 뛰어넘게 만든다. 가난한 자들을 향한 관심, 이름 없는 생명들을 향한 폭력에 저항한다. 생명과 평화, 정의를 실현하기 위한 고난을 기꺼이 감내한다.

개인의 안위를 위해 찾아온 교인들에게 정치와 관련된 메시지와 토의는 매력 없는 이야기인지 모른다. 그러나 사탄의 구조 안에서 억압당하고 있는 고난 받는 이들에겐 희망을 심어주는 설교다. 신학자 윌리엄 바클레이는 말한다. "평화를 조성하기 위하여 온갖 곤란, 불쾌, 인기 없음, 어려움에 직면할 각오가 되어 있는 사람에게 복이 있다. 이 축복이 말하고 있는 평화는 문제를 회피하는 데서 오는 가짜 평화가 아니다. 이 평화는 상황이 요구하는 온갖 수고와 희생의 대가를 지불할 각오가 되어 있는 것으로부터 오는 참다운 평화다." 진정한 교회라면 거짓 평화를 외치지 않을 것이다. 가난한 자들과 함께하는 교회라면 민중의 어려움과 구조의 악을 방조하지 않을 것이다. 좋은나무교회도 이런 공동체를 꿈꾼다. 그리스도인의 정치 참여에 대한 논의, 세월호 추모예배, 사회 현안에 관한 신학적 성찰을 시도하고 있다.

어디든 교회다

"두세 사람이 내 이름으로 모인 곳에는 나도 그들 중에 있느니라."(마태복음 18장 20절)

교회란 무엇인가? 교회는 건물이 아니다. 예수 그리스도를 주(主)로 모시는 이들의 모임이다. 기독교 신앙이라는 가치와 의미, 사람과 관계가 교회의 본질이다. 눈에 보이는 제도와 건물은 보이지 않는 본질을 세우기 위한 수단일 뿐 목적이 될 순 없다. 사도행전을 통해 발견되는 초대교회의 모습은 건물이 아닌, 사람과 모임을 중심으로 형성된 공동체였다. 사도들은 사람들을 찾아다니며 하나님 나라의 복음을 전했다.

어느 순간 주객이 전도된 한국교회의 상황을 목격하게 되었다. 건물 없이 교회는 존재할 수 없으며 건물 없이 목사안수를 받을 수도 없었다. 이런 상황 속에서 목회자들과 성도들은 교회를 매매하기 시작했다. 교회는 상품으로 전락해버렸다. 보증금을 넘어 권리금까지 받고 인수인계하는 상황에 이르렀다. 목회자들은 교회의 규모(예산, 성도 수 등)에 맞춰 서로의 자리를 맞바꾸기도 했다. 시대적 상황이니 어쩔 수 없다는 몇몇 선배 목회자들의 상황논리가 설득력 있게 다가오지 않았다. 오히려 분노하게 만들었다. 목회에 대한 회의를 불러 일으켰다. 목회자와 교회, 신앙인의 권위는 욕망을 주인 삼은 세상의 방식을 거스르는 '다름'에 있지 않던가? 그리스도인이라는 말의 뜻처럼 신앙인은 세상과 구별되는 유별나고 독특한 삶을 살아가는 이들이 아니던가?

가난하고 초라해도, 신앙의 자부심, 목회자의 자존심만큼은 잃고 싶지 않았다. 건물이 없어도 사람이 있다면, 함께 신앙의 가치와 삶을 나누며 함께 예배할 수 있는 이들의 모임이 있다면, 그곳이 교회라 믿었다. 뜻이 있는 곳에 길이 있다고 하지 않던가? 뜻을 먼저 세웠다. 그리고 뜻을 나눴다. 건물 없는 교회의 여정에 동참할 이들을 만났다. 그렇게 건물 없는 교회의 여정이 시작되었다. 모임이 시작된 후, 성도들과 함께 정관을 만들었다. 좋은나무교회 정관 제1장 총칙, 2조(위치)에 다음과 같이 명시되어 있다. "좋은나무교회는 대한민국에 위치하며 건물과 공간을 취득하는 상태로 있지 아니한다."

성도의 가정에서 공동체 모임이 시작되었다. 구색을 갖춘 강대상과 예배당은 없었다. 집 안 가득 울려 퍼지는 찬양소리와 교회와 신앙의 회복을 향한 성도들의 거룩한 열망이 모여 감동의 예배를 만들어냈다. 우리가 드릴 수 있는 건, 진실한 마음뿐이었다. 세 달 가량이 지난 후, 삼삼오오 모인 성도들로 가정이 붐볐다. 새로운 장소의 이동이 필요했다. 다음 장소는 성도의 일터였다. 그 다음 장소는 다시 가정이었다. 모임 장소가 여의치 않을 땐 몇 주간 공원에서 야외예배를 드리기도 했다. 다른 교회와의 연합 예배, 수련회, 농활 등. 다양한 형태의 예배와 공동체 모임을 이어오고 있다. 건물 없는 교회의 여정이 6년차에 접어들었다. 현재는 다른 교회공동체의 장소를 빌려 함께 사용하고 있다.

불편함도 있다. 긴장감과 불안도 있다. 상황의 변화를 예측할 수 없기 때문이다. 언제 새로운 곳으로 떠나야할지 모른다. 달라지는 환경에 맞춰 예배와 모임의 방식도 변화된다. 그럼에도 건물 없는 교회의 여정을 지속하는 이유는 무엇인가? 사명이라 여기기 때문이다. 이 시대에 이런 교회도 있어야 한다고 믿기 때문이다. 건물 없는 교회만이 정답은 아니다. 모두의 얼굴이 다르듯, 모든 교회의 사명도 가지각색이다. 각자의 사명을 찾고, 그 사명에 충실할 뿐이다. 많이들 묻는다. "언제까지 건물 없는 교회를 지향할 것인가?" 모른다. 그런데 멈출 수가 없다. 그 이유는 돈으로 살 수 없는 영적인 가르침을 깨달아가고 있기 때문이다. 예수의 가르침이 공허한 외침이 아닌 현실이 되어가고 있기 때문이다.

내일 당장 예배처소를 옮겨야할 상황에 처해도 당황스럽지 않다. 건물 없는 교회를 향한 뜻이 있고, 뜻을 함께할 공동체 식구들이 있기 때문이다. 어디든 교회라 응원해주시는 삼위일체 하나님의 돌보심이 있기에 한 주 한 주 건물 없는 교회의 여정을 지속될 것이다.

Chapter 07

강도만난 자의 이웃
생명을 나누는 사람들
조정진 목사

이메일 : kwdonation@hanmail.net

카카오ID : kwdonation

페이스북 : facebook.com/kwdonation

홈페이지 : www.KALS.or.kr

종교철학 그리고 운명적인 만남들.

　목회자가 되기를 서원하고 결심하여 감리교신학대학에 입학하였지만 자신감과 내면의 갈등이 심하였다. 학부에서 종교철학이라는 학문을 접하며 최대한 전공을 살려 졸업 후 사회에 진출하고, 또 목회자로써의 사명을 감당하며 학문과 실천이라는 두 주제를 잊지 않고 지금까지 살아왔다. 누구나 그렇겠지만 산 정상을 향해 올라가다 보면, 정상만 바라보고 가는 것이 아니라 지나온 산과 길을 돌이켜 보며 동료와 후배들을 위한 배려와 마음씀이 자연스럽게 생각된다. 이것이 어쩔 수 없이 나이 들어감을 실감하는 것이 아닌가 싶다. 남이 지나간 길을 간다는 것은 쉽고 편안해 보일지 모르지만 그만큼 경쟁력이 떨어진다고 볼 수 있다.

　이 시대를 살아가며, 종교철학을 전공한다는 것은 남들보다 한 가지를 더 배우고 생각할 수 있는 경쟁력을 갖추는 과정이라는 생각이 든다. 학부에서 종교철학적 사고와 배움을 통해 창의성과 상상력의 훈련이 자연스럽게 현실에 적용되었고, 그로 인해 시대상황에 따른 패러다임의 전환을 모색하며 남들과 다른 특별한 생명나눔운동의 분야를 개척하여 사역하고 있기 때문이다. 신학생시절부터 교회의 담임목회사역을 스스로 포기하기로 결심하고 오늘의 기관사역 사명을 감당하기까지, 내가 담임하는 교회나 교인이 없음에 순간순간 아쉬움과 후회가 들기도 하였지만, 수 많은 교회와 많은 교인들이 내가 사역하는 교회요, 나의 교인인 것처럼 생각하기로 했다.

　신학교를 졸업할 즈음, 전 학년 유급이라는 악재를 맞아 졸업을 못하고 졸업학점 이수를 위해 한 학기를 더 다녀야 하는 불가피한 상황에서 사회로의 진출을 앞두고 중요한 전환점을 갖게 되었다. 우연히 아르바이트로 경험 삼아 개인병원에서 환자들을 돌보며 일하는 시간을 가졌으며, 이후 신학대학을 졸업하면서 대학원 진학을 잠시 미루고 사회경험 삼아 사회생활을 시작한 곳이 개인병원이었다. 1년 6개월여 기간 동안 병원근무를 하며 응급처치는 물론 기본적인 의료지식을 자연스럽게 습득할 수 있는 기회가 되었고, 병원에서의 첫 직장생활을 시작한 것이 당시에는 생소했던 장기기증운동과의 인연을 맺게 된 계기가 되었다. 그 때의 경험을 통해 생명 살리는 일을 하나님께서 내게 허락하신 사명으로 알고 지금까지 생명나눔사역에 전념하게 되었다. 장기기증단체의 실무자로 생명나눔운동을 전개하면서 사역에 대한 비전을 세우게 되었다.

신학대학에서 종교철학을 전공하며 배운 바로는 불교철학의 깨달음에 이르는 방법 가운데 돈오돈수(頓悟頓修)와 돈오점수(頓悟漸修)가 있다. 사후 각막기증과 뇌사시 장기기증에 서약하는 행위야 말로 돈오돈수(頓悟頓修)처럼 예수로 말미암은 구원의 확신과 자기 희생을 통한 구원에 이르게 하는 것이 개인의 성화(sanctification)이며, 나아가 개인의 구원에 머물지 않고 교회를 통한 사회구원을 이루는 것이야 말로 돈오점수(頓悟漸修)로서 감리교회의 창시자 존 웨슬리의 사회적성화(sanctification)를 이루는 구원의 방법론적 접근임을 확신하게 되었다.

1996년 4월부터 생명나눔사역을 전개하기 시작한 것이 어느덧 20년이 넘게 한국을 넘어 아시아권을 비롯하여 미국의 교회와 한인을 대상으로 장기기증운동을 통한 생명나눔사역을 전개하게 되었다.

기관사역을 통해 세상의 최일선에서 선교의 전진기지로서 교회와 세상과의 가교 역할을 하면서 자연스럽게 세상과 소통하는 기술과 방법을 터득하게 되었다. 목회나 기관사역이 남들이 하는 것을 따라서 그대로 답습하는 것 보다는 독창적이고 창의적인 목회와 기관사역이 되었으면 하는 바람이 간절했다. 그리고 이를 위해서 자신의 전공분야에 머물지 않고 응용 가능한 분야에서 전문성을 발휘하고 학문 간의 상호융합을 통해 새로운 지평을 개척하며 넓히는 훈련이 필요하다고 본다. 차선책으로 신학을 전공한 뒤에 목회코스를 밟듯이 대학원 진학이나 목사 안수과정을 선택하는 것보다 짧은 기간이나마 사회에서의 직장 경험을 통해 목회훈련과 준비과정이 수반되면 나름대로 목회에 대한 경쟁력과 마음가짐이 다를 것으로 생각된다. 전 인생을 통한 목회사역과 삶의 여정 가운데 1~2년은 과감히 직장경험 등에 투자할 만한 가치가 있다고 본다.

종교철학을 전공한 한사람의 꿈과 비전이 작게는 감리교단을 위해서, 크게는 국가와 국민, 더 나아가 아시아와 세계인을 위해 공헌한다면, 하나님께는 영광이요 이보다 보람된 일은 없을 것이다. 몇 십 년을 살아가다가 시행착오를 겪고 뒤늦게 후회하는 것보다는 리스크를 최소화할 수 있는 방법이기에 이 글을 통해 제안해본다. 이와 같은 사역과 경쟁력을 갖춰 활동하고 있는 것은 보잘것없는 나 한사람의 사례에 불과하다. 각 분야에서 더 훌륭하게 사역하고 있는 사역자들을 통하여 이 시대에 꼭 필요한 교회와 기관 그리고 자부심을 갖고 살아가길 당부해본다.

생명 나눔은 성화 실천의 가장 훌륭한 방법

우리에게는 일상이어서 매일 잠에서 깨어 아무 감동 없이 눈을 뜨지만, 누군가는 눈을 뜨면서 처음 빛을 대하는 순간이 너무나 감격스러워 눈물이 흘러내리는 것을 목도할 때면 하나님의 사랑과 내가 하고 있는 사역에 보람을 느끼게 된다. 한 영혼이 천하보다 귀하다고 주님이 말씀하신 것처럼, 기관사역을 통해 생명 살리는 일이 영혼을 구원하는 길이고 주님의 사랑을 실천하는 가장 큰 사명이라는 것을 깨닫게 되었다.

〈(사)생명을나누는사람들〉은 숭고한 사랑의 실천을 통해 삶의 기회를 확대하며 개신교와 감리교회 차원의 주체적인 활동을 위하여 감리교단 소속의 목회자들을 중심으로 설립한 〈보건복지부 지정 장기기증 등록기관〉이다. 〈(사)생명을나누는사람들〉에서는 장기기증 인식개선 및 희망등록, 사후 각막기증과 각막이식 수술비지원 및 백혈병(소아암) 어린이 지원 캠페인 등을 전개하고 있다. 올바른 장기기증 문화가 정착되고 더불어 국민화합과 국민건강 증진에 기여하기 위해 지난 2001년 현 이사장인 임석구 목사를 중심으로 감리회 목회자들이 참여해서 〈한국생명나눔운동본부〉라는 비영리민간단체(NGO)를 창립하면서 시작됐으며, 이후 2007년 보건복지부로부터 법인설립허가를 받아 생명나눔운동을 전개해 오고 있다.

2007년 법인설립과 더불어 신학교에 입학한지 20년만에 목사안수를 받고 본격적인 활동과 사역이 전개되었다. 대한민국 국민과 세계 한인을 대상으로 장기기증과 장기이식의 활성화를 위해 최일선에서 사역하고 있으며, 어느 교단 어느 목회자와도 경쟁하지 않고 전문적인 사역분야에서 지방자치단체의 조례를 제정하며, 경쟁력 있게 국가의 정책사업을 전개하고 있는 상황이다.

사후 각막기증과 뇌사시 장기기증에 참여하는 방법은 이러하다. UNOS(United Network for Organ Sharing) 등 미국의 장기이식 등록 기관이나 한국의 〈생명을 나누는 사람들〉과 같은 장기이식 등록 기관을 통해 전화나 인터넷 등으로 구체적인 상담을 받은 후, 장기기증 희망 의사표시를 밝히면 1차적으로 장기기증 희망등록자로 관리된다. 이후 장기기증 희망등록자가 뇌사 또는 사망시 장기(각막)기증 등의 상황이 발생했을 때, 유가족 중 1인 이상의 동의를 얻어 장기기증과 각막기증 등이 이루어진다.2001년부터 지금까지 생나사를 통해 장기기증에 등록한 이들이 2만여 명에 이를 정도로 왕성하게 활동하고 있으며, 보건복지부도 생나사의 공로를 인정해 조정진 목사, 임석구 이사장, 김기택 목사, 탤런트 김명국 홍보대사, 지난 2016년 배화여대 교목 전병식 목사 등에게 국가기관인 보건복지부에서 표창을 수여했다.

오늘날 한국교회가 사회적으로 신뢰를 잃고 심지어 지탄을 받는 이유는 교회가 세상과의 접촉점을 잃어버리고 오직 교회중심으로만 성장을 추구했기 때문이 아닐까? 감리교회의 창시자인 존 웨슬리의 구원론의 핵심은 성화이다. 웨슬리의 성화는 개인 구원뿐만 아니라 사회구원을 통한 성화를 강조하고 있음에도 불구하고 이 부분에 열심을 내지 못했기 때문이라 볼 수 있다.사회적 성화를 실천할 수 있는 가장 훌륭한 방법이 바로 이 생명나 눔이라고 믿는다. 특히 장기기증 서약은 자신을 희생하고 헌신하려는 결단이 있어야 가능하다. 이렇게 질병으로 고통 받는 이웃을 위해 자신 을 희생하고 나눔을 실천하는 것이야말로 사회적 성화를 이룰 수 있는 중요한 요소라고 확신한다.

이러한 신념을 바탕으로 법인에서는 이를 구체화할 수 있는 다양한 생명나눔활동을 전개하고 홍보활동을 전개하고 있다. 우선, 〈기독교대한감리회 사회평신도국〉이 정책사업으로 펼치고 있는 〈생명 나눔활동〉에 함께하며 전국 감리교회를 대상으로 홍보활동을 펼치고 있다. 이를 위해 법인에서는 기독교대한감리회 총회에서 기관의 인준을 받아 〈웨슬리 사회성화실천본부〉를 부설기관으로 설립하여 연회와 지방회, 그리고 개체교회를 다니며 생명나눔 취지를 설명하고 이에 대한 동참을 이끌어내고 있다.

구체적인 사업으로 '뇌사시 장기기증희망등록 서약운동'과 '사후각막기증운동', '시각장애인 각막이식수술비 지원사업', '조혈모(골수)세포기증캠페인', '백혈병소아암환아 치료비 지원' 등이 있다. 우리나라에는 매년 장기이식을 희망하는 이들이 늘어 지난 2016년 9월 기준 2만 4000여 명이 대기하고 있는데 이 가운데 신장이 1만 7559명으로 가장 높고, 간장이 4981명, 췌장이 994명이다. 또한 골수이식 대기자는 3666명이며, 각막은 1953명이 대기하고 있다. 우리나라에서는 장기기증이 불법 장기매매 등으로 인한 부정적 인식과 살아서 기증하는 것으로 왜곡 홍보되어 있어 참여율이 저조하다. 특히 1명의 뇌사자는 9명의 생명을 살릴 수 있는 다기증인데 뇌사자가 발생해도 참여가 제대로 이루어지지 않고 있는 것이 현실이다.

이처럼 많은 이들이 꺼져가는 생명의 불길을 다시 살리기를 바라며 이식을 기다리고 있는 상황에서 뇌사시 장기기증이나 사후 각막기증을 위해 장기기증등록자가 소천 했을 경우 가족의 연락을 받으면 전국 어느 곳이라도 마다않고 달려가 병원과 이식 대기자에게 연락해 조속히 수술이 이루어질 수 있도록 하고 있다. 특별히 각막기증은 사망후 12시간 이내에 각막세포가 남아있을 때 긴급히 각막을 적출해야 시각장애인에게 이식되어 시력을 회복하고 '빛'을 선물할 수 있기 때문이다.

현재 법인에서는 강남세브란스병원을 비롯하여 카톨릭의대 부천성모병원과 인천성모병원, 한림대의대 춘천성심병원과 강남성심 병원, 전주 온누리안과 등과 협력을 맺고 최단시간 내에 각막 적출이 이뤄져 대기중인 시각장애인이 각막이식을 받을 수 있도록 전국적인 네트워크를 형성하고 있으며, 이러한 사업들을 추진함에 있어 감리교회 의 후원을 통해 사역을 감당하고 있다. 그 가운데 특별히 각막이식수술은 대부분 재정적인 어려움으로 수술을 하지 못하는 이들이 많아 〈생나사〉가 수술비 전액을 지원하여 무료로 수술(수술비 1인당 300만원)을 받을 수 있도록 하고 있다. 또한 백혈병 소아 암 환아 수술비 및 치료비를 지원해 어려운 경제 환경으로 치료와 생명을 포기하는 일이 없도록 최선을 다해 돕고 있다.

이밖에도 지방거주 소아암 환아와 가족을 위한 무료쉼터를 운영하였으며, 소아암 환아 및 보육시설 아동들에게 매년 〈사랑으로 가는 감리교 희망열차〉라는 프로그램을 통해 질병으로 여행 한 번 제대로 할 수 없었던 환아들과 그 가족들에게 아름다운 여행을 선물하고 있다. 2008년부터 지금까지 약 1700여명이 '희망열차'를 통해 질병의 고통을 잠시나마 잊고 정동진에서 동해안의 해돋이를 보면서 내일의 희망을 갖도록 했다.

　　모든 열매의 시작은 씨앗이다. 우리가 지금은 비록 작은 희망의 씨앗을 심지만 분명 주님께서 빛과 거름을 주셔서 풍성하고 아름다운 열매를 거둘 수 있도록 해주실 것을 믿고 있으며, 교회가 세상 속에, 그리고 빛을 필요로 하는 이들에게 '빛을 주고 빛이 되는' 교회가 되기를 희망한다.

선한 이웃과 강도만난 자의 이웃 (이웃에 대한 인식의 전환)

　　감리교신학대학을 다니면서 교회의 담임목회 사역보다 나름의 은사와 달란트를 찾기 위해 준비하며 기관목회의 특수 사역을 결심하고 학부를 졸업한 1996년부터 지금까지 장기기증운동 사역을 전개하고 있다. 많은 분들이 장기기증에 대해 가장 꺼려하는 것 중의 하나는 혹시라도 장기기증서약을 하고 무슨 사고라도 일어나지 않을까 하는 것이다. 내가 각 교회를 방문할 때마다 하는 질문이 있다.

　　"여러분! 구원의 확신이 있으십니까?"라는 질문이다. 많은 분들이 구원의 확신이 있다고 고백한다. 구원의 확신에 대한 질문 다음에는 " 그렇다면 만약 지금 이 시간 이후로 여러분에게 불의의사고로 하나님이 여러분을 부르셨을 때 여러분은 기꺼이 하나님의 부름에 응답할 준비가 되신 분들은 손을 들어 주십시오" 라고 요청을 드린다. 갑작스런 질문이지만, 모두가 구원의 확신이 있음을 대답 했음에도 손을 들까

말까 여러 갈등을 갖고 있는 마음이 우리 성도들의 현실이다. 곧 죽음에 대한 두려움과 불안함을 갖고 있는 솔직한 우리의 모습인 것이다. 언제 삶의 카운트가 멈춰질지 모르지만 장기기증 등록증을 늘 휴대하며 하루하루 최선을 다해 마지막을 사는 마음으로 살아가고 있다. 다시 말해 장기기증서약은 신앙의 결단으로 죽음을 극복하는 믿음의 행위임을 강조하여 말한다.

여러 종류의 기증서약 내용들이 있는데, 사후 각막기증에 대하여 간단히 설명을 한다. 각막은 빛을 받아 각막을 통해 시신경에 전달하는 역할을 한다. 쉽게 콘택트렌즈를 연상하시면 이해가 쉬운데, 그래서 사망 후 6시간 이내에 각막을 살짝 걷어내어 곧바로 병원에 대기하고 있는 장기기증 신청자 2분에게 각각 1개씩 기증되어 이식하면 앞을 볼 수 있게 되는 것이다. 장기기증 대상자가 2개의 각막을 2사람에게 기증한다는 것은 각막기증을 통한 빛만 주는 것이 아니라 그리스도의 사랑도 함께 전하는 것이다.

누구든지 살아가다보면, 누군가로부터 많은 도움을 받게 된다. 또 그 도움에 대하여 내가 보답할 수 있는 기회라고 생각할 수 있다. 지금까지 하나님의 은혜와 축복을 받아온 우리의 삶이라 생각하면, 기꺼이 그 은혜의 보답으로 이웃을 위해 내 몸의 일부를 내어주어 하나님께 헌신할 수 있기를 진심으로 기대한다. 성경 누가복음 10장에는 선한사마리아인에 대한 내용이 나온다. 10장 25절에서 "어떤 율법교사가 예수를 시험하여 질문하기를 무엇을 하여야 영생을 얻겠습니까?"라고 질문한다. 이어서 그는 29절에 기록된 말씀처럼, "자기를 옳게 보이려고 예수께 여짜오되 그러면 내 이웃이 누구니이까"라고 질문한다. 이에 대해 예수께서 비유로 설명하신 말씀이다.

본문에 기록된 말씀처럼, 율법교사가 자기를 옳게 보이려고 알면서도 자기 의를 드러내기 위해 '내 이웃이 누구니이까?'라고 질문한 것에 대해 예수께서는 특정하여 지칭된 사람이 아닌 불특정하게 지칭된 어떤 사람이 늘 다니던 길인 예루살렘에서 여리고로 내려가다가 강도를 만나 강도들이 옷을 벗기고 때려 거의 죽은 것을 버리고 갔다고 말씀하셨다.

우리가 상식적으로 생각하고 행동한다면, 학력의 높낮이나 신분의 고하를 떠나 어떻든 당연히 처음 본 사람이 달려가 갑작스럽게 강도를 만나 죽을 지경에 놓인 사람을 살려야 하는 것이 일반적인 상황이다. 그러나 제사장과 레위인이 강도 만난 사람을 보고도 피하여 지나갔다고 하였다. 오늘이나 예수님 당시나 상식적으로 납득할 수 없는 일들이 벌어진 것은 한결같다는 생각이 든다.

그런데, 반전이 일어났다. 당시로서는 멸시와 냉대를 받았던 부류의 신분인 이름을 알 수 없는 어떤 사마리아 사람이 강도만난 사람을 보고 불쌍히 여겼다. 오늘날로 말하면, 알지 못하는 처음 본 사람임에도 불구하고 응급처치와 자기의 차에 태워 가까운 병원 응급실까지 데려다 주고는 돈에 연연하지 않고 보호자를 자처한다. 게다가 병원관계자와 의료진에게 생명을 살려줄 것을 부탁하고 갑작스런 상황을 맞아 자신의 용무를 본 후에 다시 올 것을 약속하고 연락처와 신분증을 맡기고 자리를 떠난 선한 사마리아사람이 소개된다.

선한 사마리아인에 대한 비유의 말씀을 우리의 삶 속에 적용을 해본다. 우리는 모두 성경에 소개된 등장인물 가운데 갑작스럽게 예기치 않은 어느 날 강도를 만난 사람처럼 사고를 당하거나 건강상의 문제가 발생할 수도 있다는 생각은 애써 외면한 채 모두가 선한 사마리아 사람처럼, 이웃과 알지 못하는 누군가를 위해 선을 행하며 그리스도의 사랑을 전하는 것 만을 생각한다. 하지만 우리의 현실은 그렇지 않다. 우리가 선한 사마리아인이 되고 싶은 마음 만큼이나 우리 자신도 강도를 만나 누군가의 도움이 절실히 필요한 때가 있다는 것을 결코 잊어서는 안 될 것이다. 그렇기 때문에 강도를 만난 어떤 사람이 바로 내가 될 수도 있음을 명심해야 할 것이다.

어떤 사마리아 사람이 강도만난 사람을 보고 달려가 생명을 살릴 수 있었던 것은 '불쌍히 여김' 때문이었다. 우리를 '긍휼히 여기시는 예수님의 마음'이다. 멸시와 냉대를 당하던 사마리아 사람의 신분을 생각하면, 우리도 이같이 누군가의 위로가 필요할 때 예수님이 우리를 긍휼히 여기시고 도움의 손길을 보내셨던 하나님의 사랑을 생각하면, 절대로 외면 할 수 없는 우리의 모습이라 생각한다. 나를 중심으로 나와 관련 있는 사람만이 이웃이 아니라 도움이 필요한 사람이면 누구나가 이웃이라는 말씀이며, 이웃에 대한 범주와 고정관념을 깨뜨린 혁명과도 같은 예수님의 말씀이며, 차별하지 않고 선을 베푸는 삶이야말로 영생을 얻는 길임을 우리는 명심해야 할 것이다.

2005년 3월 부활절을 앞둔 종려주일을 맞아 서울의 농아교회에서 장기기증서약예배를 인도한 적이 있었다. 장기기증서약예배 인도를 위해 교회를 방문해서 자리에 앉았더니, "내 주를 가까이 하게 함은 ~"하고 아름다운 찬양소리가 들렸다. 80여 명의 교인 가운데 남상석 담임목사님을 비롯해서 75명의 교인들이 사후 각막과 뇌사시 장기기증서약에 참여했다. 서약에 참여하신 농아 교인 한 분이 저에게 다가와 "듣지 못하고 말하지 못하는 저희들도 이렇게 불편한데, 앞을 못 보는 시각장애인들은 얼마나 불편하겠어요."라고 말씀하시면서, "그래도 우리는 앞을 볼 수 있으니 참 감사해요"라고 말씀하신 것을 들었다. 장기기증서약이야말로 당연한 것을 당연하게 여기지 않고, 들을 수 있고 말할 수 있고 앞을 볼 수 있는 것을 감사하게 여기고, 주의 은혜를 고백하는 믿음의 결단이다. 농아교회 현관입구에는 "우리가 생을 마감할 때 하나님께로 가져갈 수 있는 것은 평생 모은 것 들이 아닙니다. 평생 나눠 준 것 들을 하나님께로 가져갈 수 있습니다"라는 문구가 쓰여 있다.

나에게는 꿈이있습니다
(요셉의 꿈/창37장18절~19절)

지난 2015년 7월에 보건복지부 질병관리본부에서 발간된 장기기증 통계연보에 따르면, 2013년말 현재 장기이식 대기자 수 : 24,607명이며, 2013년말 현재 장기기증 희망등록자 수는 1,438,665명이다. 이 가운데 생체 기증의 경우 2014년 1,858건 중 친족(8촌이내) 1,810건, 순수기증 6건, 교환이식 9건, 타인지정 33건 / 국내 인구 100만 명당 뇌사자의 장기기증률은 8%로 스페인(34%)과 미국(25%) 등에 비해 현저히 낮은 상황이다. 한편, 장기이식 대기 중 사망자 연간 1,000명 ~ 1,500명으로 결국 장기기증 캠페인과 인식개선 교육을 통해 인구 대비 부족한 장기기증 희망등록자의 수를 더욱 늘려서 뇌사시 이식 가능한 모집단을 늘리고, 뇌사자들의 실제 기증 비율을 높이는 데 많은 노력이 필요한 상황이다.

 1996년부터 장기기증운동을 전개해오던 중 2001년부터 미국의 LA에 소재한 아시안골수기증협회(A3M)와 협력하며 골수기증자모집 캠페인을 전개하던 중 지난 2004년 아펜젤러기념내리 한인연합 감리교회에 출석하던 염기섭 집사의 딸 예다나(당시 7세)양이 백혈병으로 투병중인 상황에서 한국의 대학생들 수천 명을 대상으로 골수(조혈모세포)기증 캠페인을 전개하여 한국에서도 골수기증자가 찾아질 수 있도록 함께 협력하였다. 한국은 유교문화의 영향으로 사후 각막기증이 미비하여 미국을 비롯한 필리핀 등 외국으로부터 각막을 수입해오는 안타까운 실정이다.

 지난 2016년 미국의 각막기증 단체(Michigan Eyebank Eversight)와의 업무협약을 체결하였으며, 이를 통하여 미국의 한인사회와 교계에 각막기증운동을 전개하여 사후 각막기증이 이뤄지면, 미국을 비롯한 한국과 아시아의 시각장애인에게 빛을 선물할 수 있게 되었다. 우리는 법인의 정체성을 살려 마땅히 기독교인으로써 하나님사랑과 이웃사랑을 실천하며, 한국과 미국 그리고 세계 감리교회와 감리교인이 감리교의 창시자 존 웨슬리 목사님이 강조하신 성화를 이루고 실천함으로써 개인의 성화와 구원에 머물지 않고 생명나눔을 통해 사회 구원을 위한 사회적 성화를 이뤄가는 것을 사명으로 감당하고 있다.

 성경 창세기 37장 18절은 꿈을 꾼 이야기를 전한 요셉을 본 형제들이 형들을 찾아온 요셉을 보고 죽이기로 결정하는 내용이다. 그러면서 19절에서 형제들이 요셉을 가리켜 "서로 이르되 꿈 꾸는 자가 오는도다."

라고 말한다. 이 말씀과 요셉의 꿈을 통해 하나님이 오늘을 살아가는 나와 우리에게 어떤 메시지를 주시고 어떻게 꿈을 실현해주시는 지를 깨닫게 되었다.

하나님이 내게 허락하신 꿈과 비전이 있다. 첫 번째로 내게 목회 자가 되는 꿈과 소명이다. 두 번째는 내게 기관사역에 대한 꿈과 비 전을 주셨다. 마지막 세 번째는 감리교회의 창시자 존 웨슬리의 구원 론에 대한 깨달음이다. 구원에 대한 확신을 통해 자신의 몸을 이 웃과 나누고자 희생을 결단하며 사랑을 실천하는 장기기증서약과 생명나눔 운동이야말로 개인의 성화요 감리교회와 감리교단의 선교적 이슈로 꿈 을 꾸게 하셨다.

1996년 4월 28세의 나이에 처음 장기기증운동을 시작하여 한국 감리교회와 한국교회 그리고 아시아를 비롯한 미국 한인사회와 연합감리 교회를 중심으로 사후 각막기증과 조혈모세포기증 등 생명 나눔운동을 전개하게 되었으며, 이 같은 꿈과 비전을 통해 감리 교회의 경쟁력 있는 선교적 브랜드로 만들어 감리교회의 신앙전통과 정체성을 확립하여 다음세대에게 성공적으로 전해주는 다리(BRIDGE)가 되어 주는 것이 나의 목표이다.

2001년 10월의 어느 날 나에게 인생의 커다란 전환점을 맞게 된 상황에서 미국의 흑인 인권운동가인 마틴 루터 킹 목사의 자서전인 「 나에게는 꿈이 있습니다」 라는 제목의 책을 읽었다. 책 내용 가운데, 1954년 1월 24일 덱스터 에브뉴침례교회에서 한 연설문의 내용이 오늘의 내가 있기까지 마음속 깊이 새기고 있는 문구이다. 이 글을 통해 소개하고자 한다.

"완벽한 인생을 만드는 세 측면중에 첫째로 인생의 길이는 인생의 지속 시간이나 장수를 의미하는 것이 아니라, 개인적 목표와 야망을 향한 전진 정도를 의미합니다. 두 번째로 인생의 넓이는 다른 사람의 행복을 돌보는 외적인 관심을 의미합니다. 마지막 세 번째로 인생의 높이는 신을 향해 위로 뻗는 노력입니다. 이처럼, 인생은 거대한 삼각형입니다. 한쪽 각에는 개인 자신이 서있고 다른 한쪽 각에는 다른 사람이 서 있으며, 맨 위쪽에 위치한 각에는 신이 서 있습니다. 이 세가지가 적절히 연결되고 조화되지 못한 인생은 불완전한 인생입니다."

인생의 최대 위기 상황에서 만수중앙감리교회 임석구 목사님과 운명적인 만남이 있었다. 감리교신학대학을 졸업하고 감리교회에 소속하며, 목사안수를 위해 진급과정에 있던 전도사의 신분이었을 때였다. 한 가정의 가장임에도 보호받고 보장받을 수 없이 사회법과 교회법의 한복판에서 아무 힘이 없었던 나를 살리려고 애써주시고 노력해주셨던 나의 멘토이신 임석구 목사님을 비롯하여 교회와 많은 분들의 '사랑의 빚'을 결코 잊을 수가 없다. 임석구 목사님의 자작시 예수님의 마음을 소개함으로써 다시 한 번 감사의 마음을 전하고 하나님의 은혜를 고백하며 글을 마친다.

(사)생명을나누는사람들 이사장 임석구 목사

비바람과 폭풍 속에서도 하나님만 바라보는 믿음의 삶 가운데, 의지할 곳 없어 마음이 외롭고 감당하기 힘든 선한 싸움을 하시는 이들과 함께

홀로 외로이 그리고 인류구원을 위해 십자가를 지신 '예수님의 마음'을
함께 나눈다.

예수님의 마음

내 사전에는 대통령도 국회의원도 없습니다.
왜냐하면 될 수도 되려고도 하지 않기 때문입니다.
다만,
십자가를 지신 주님과 함께 내가 원하는 것은
거센 비 바람에도
의지하여 위로 위로 올라가려는 담장이 넝쿨에
든든한 돌담이 되고 싶습니다.

쏜 화살처럼 날카롭고
무자비한 창 끝 같은 세상 바람에
작은 몸 가리워 줄 수 있는
넓은 방패가 되고 싶습니다.

쓴 세상 살이에 지친 몸
다리 쭉 뻗고 누워 쉴 수 있는
따뜻한 구들장이 되고 싶습니다.

Part 4
십자가와 예술로 소통하다

Chapter 08

태평양교회 미술 선교
박영직 목사 (태평양교회)

이메일 : pyjik@hanmail.net
카카오ID : pyjik
페이스북 : facebook.com/youngjik.park.1

1. 개척

교회 개척은 하나님의 부르심으로 시작된다. 내가 가진 것이나 내가 처한 상황을 바라보면 아무 것도 할 수 없다. 교만과 욕심 때문에 하나님 뜻에 불순종하여 자기 왕국을 세우거나, 두려움과 걱정 때문에 하나님의 뜻을 포기하게 된다. 그러므로 조급하게 서두르면 실패한다. 잠잠히 교회의 머리 되신 예수님의 말씀을 듣고, 자연스럽게 성령님의 인도하심을 따라가야 한다. 그러면 내가 아니라 주님께서 하신다. 주님께서 내가 상상도 하지 못했던 기막힌 방법으로 이끌어주신다.

태평양교회 개척

2006년 1월, 부목사로 사역하고 있을 때 하나님께서는 나에게 교회 개척에 대한 마음을 품게 하셨다. 기도할수록 개척에 대한 확신이 생겼다. 아내에게 제일 먼저 교회를 개척하려는데 어떠냐고 물었다. 아내는 너무 흔쾌하게 동의했다. 그래서 우리는 함께 기도했다. 하나님께서는 거부할 수 없는 여러 가지 확증도 주셨다. 그러나 주변 사람들의 반응은 달랐다. 담임목사님의 반대가 가장 컸다. 그분은 사랑으로 나를 설득하셨다. "지금은 교회를 개척하는 시대가 아니다. 아무 것도 없이 개척해서 부흥하는 교회를 본 적이 없다. 작은 곳에 가서 고생하지 말고 이곳에서 함께 사역하자."

부모님과 형제들도 반대했다. "교회를 개척하기에는 돈이 턱없이 부족하다. 어느 정도 기반이 마련되면 그때 하자." 선배 목사님들도 신중하게 다시 생각해보라고 권면했다. 그러나 내 가슴에 불붙은 교회 개척의 부르심의 불씨는 꺼지지 않았다. 오히려 더 크게 타올랐다.

한 달 후, 담임목사님께서 허락해 주셨고 아낌없이 도와 주셨다. 다른 모든 사람들도 함께 기도하며 응원해 주셨다. 나는 본격적으로 교회를 개척할 장소를 알아보기 시작했다. "작은 공간만 있어도 교회를 시작하겠습니다."라고 기도하며 상가 교회를 둘러봤다. 한 달 정도 알아보는 동안 하나님께서 기도 제목을 주셨다. "첫째, 대학교 앞으로 가라! 둘째, 사람들이 많이 오가는 곳으로 가라! 셋째, 넓은 공간으로 가라!" 가진 돈도 없는데 어떻게 넓은 장소를 알아보라는 것일까 궁금했다. 그런데 그때부터 하나님의 놀라운 창조의 기적이 나타났다. 주변에 있던 수많은 사람들이 교회 개척을 위해 헌금하기 시작했다. 나는 쏟아 부어주시는 은혜를 경험했다. 내 심장에서부터 찬양이 터졌다.

하루는 어머니께 전화가 왔다. 신문에 교회 광고가 나왔는데 너무 좋은 것 같으니 함께 가보자는 것이었다. 그때 나는 아는 사람도 없는 용인 땅을 처음으로 밟았다. 그리고 찾아간 곳은 강남대학교 정문 앞, 상가 밀집지역, 상가 6층 100여 평. 기도제목과 일치했다. 그래서 너무 기쁜 마음으로 계약을 했다. 2006년 6월, 태평양교회 창립예배를 드렸다. 용인서지방 목사님들, 부목사로 섬겼던 교회, 수련목회자로 섬겼던 교회, 모교회의 목사님과 성도님들이 함께 오셔서 축복해주셨다. 은혜와 감동이 넘치는 순간이었다.

태평양교회 갤러리 개척

교회를 개척한 후, 외로운 싸움이 시작되었다. 사람들이 많이 왕래하는 상가 밀집 지역에 교회를 개척했지만 그곳은 나에게 황량한 광야였다. 매섭게 추운 벌판이었다. 1년, 2년, 3년…, 답답함과 외로움…, "과연 여기서 살아남을 수 있을까?" 그때 깨달았다. 믿음은 버티는 것이구나! 작은 목양실에 홀로 앉아 예배를 준비하고, 밖으로 나가 전도를 하고, 강대상에 올라가 말씀을 읽고, 기도했다. 새벽까지 기도하다가 잠이 들기도 했다. 광야에 홀로 서니 이전에 바쁘게 살 때는 볼 수 없었던 내 진짜 모습을 분명하게 볼 수 있었다.

나의 약함과 무지를 깨닫는 데는 오랜 시간이 걸리지 않았다. 나는 내가 계획했던 '교회 성장 전략'을 버렸다. 내 계획을 내려놓자 마음이 편해졌다. 그때부터 더욱 열심히 기도했다. 기도밖에는 할 수 있는 것이 없었다. "나와 함께 하시는 하나님! 도와주세요. 나는 아무 것도 할 수 없습니다. 이제부터 하나님께서 이끄시는 것만 하겠습니다. 지혜를 주세요." 하나님께서는 텅 빈 예배당에 '예수님께서 환하게 웃는 성화'를 걸고 싶은 마음을 주셨다. 인터넷을 뒤져보니, 전국에 있는 성화 작가들이 함께 모여 '크리스천 아트 페스티벌'을 한다는 것을 알게 되었다. 무작정 그곳을 찾아갔고, 하나님께서는 전태영 작가를 만나게 하셨다.

나는 전태영 작가의 화실에 찾아갔다. 그는 우리 교회에서 갤러리를 하면 어떠하겠냐고 제안했다. 기쁜 마음으로 그의 작품들을 우리 교회에 걸었다. 텅 빈 예배당을 성화로 가득 채웠다. 그렇게 '제1회 태평양교회 갤러리 초대전 : 숨은 십자가 전(展)'이 시작되었다.

2. 미술 선교 사역

태평양교회는 예수님의 몸 된 사람을 세우는 비전을 품었다. 한 쪽으로 치우치지 않고 예배, 교육, 전도, 봉사, 교제 등을 통해 균형 있게 예수님을 닮아가는 성도를 세우는 꿈을 꾼다. 하나님의 은혜로, 예수님을 통하여, 성령의 이끄심을 따라 간다. 여기서는 지금까지 우리 교회에서 했던 미술 선교 사역에 관해서만 함께 나누려고 한다. 미술 선교 사역은 지금도 계속되고 있다.

갤러리 사역

교회를 개척한 후, 이렇게 넓은 예배당이 주일에만 사람들이 모이고 대부분의 시간에는 그저 비어있는 것이 안타까웠다. 어떻게 하면 이 아름답고 거룩한 공간을 잘 사용할 수 있을까에 대하여 기도했다. 갤러리 사역은 이런 기도의 응답이었다. 언제나 교회 문을 열어놓고 누구든지 찾아와서 작품을 감상하며 기도할 수 있게 했다. 물론 많은 사람들이 찾아오지는 않았다. 작품에 대한 관심이 적었기 때문이었다. 그러나 시간이 지날수록 조금씩 더 많은 사람들이 찾아왔다. 그들은 여기서 작품을 감상했고 또 기도하며 하나님과 조용한 시간을 보낼 수 있었다.

그런데 교회에서 갤러리를 한다는 것은 쉬운 일이 아니었다. 먼저 벽에 그림을 걸 수 있는 레일을 붙이고, 조명을 달아야 했다. 어려운 형편이었기 때문에 그림을 운송하고, 홍보물을 만드는 것도 힘들었다. 게다가 그림을 관리하는 것도 쉽지 않았다. 혹시 상하지는 않을까,

분실되지는 않을까, 신경 쓸 것도 많았다. 제일 힘든 것은 상가 6층에 있는 교회 갤러리를 찾아와서 관람하는 사람들이 적다는 것이었다. 작품을 관람해도 작은 교회에서 한다는 것 때문에 그 가치를 제대로 인정받지 못했다. 사람들의 무시하는 말투와 눈빛은 나를 위축시켰다. 선배 목사님들은 사람들이 좋아하는 것을 찾아서 하는 것이 좋지 않겠냐고 충고해주셨다.

그러나 나는 멈출 수 없었다. 성화의 가치를 잘 알았고 그림을 감상하면서 마치 '밭에 감추인 보화'(마 13:44)를 캐내는 기쁨을 누렸기 때문이었다. 작품에서 영감을 얻을 때마다 너무 행복했다. 성화에는 나 혼자 누리기에는 너무 풍성한 은혜가 감춰져 있었다. 이것을 나 혼자만 누린다면 주님께 책망 받을 것이 뻔했다. 나는 길거리로 나가 사람들에게 갤러리를 소개했고 사람들을 초대하여 그림을 보여주며 복음을 전하기 시작했다.교회 창립 5주년 때, 하나님께서는 교회를 이전할 수 있도록 이끌어 주셨다. 상가 1층으로 이전하여 더욱 본격적으로 갤러리 사역을 시작할 수 있게 되었다. 교회 내부에는 더 많은 그림을 걸 수 있었고, 교회 외부에도 쇼윈도를 만들어 성화를 걸었다. 지역 사람들도 점차 관심을 갖게 되었고 자연스럽게 교회를 찾아오는 사람들도 생겨났다.

갤러리 옆에는 〈꿈꾸는 다락방〉이라는 작은 카페가 있다. 이곳은 교회에서 운영하는 카페이다. 여기에도 태평양교회 갤러리 초대작가의 성화가 전시되어 있다. 카페와 교회 갤러리는 서로 연결되어 있다. 그러므로 카페에 찾아온 손님들 중에 그림에 관심이 있는 사람은 자연스럽게 교회 문을 열고 들어와 작품을 감상할 수 있었다. 교회로 들어와서 자연스럽게 하나님을 만나고 느낄 수 있었다.

우리 교회는 지금까지 10년 동안 50번 이상 성화 전시회를 했다. 전시회 기간 동안 성화 작가를 초대하여 '작가와의 만남'을 하기도 했다. 그림을 그린 작가를 직접 만나서 간증도 듣고 성화에 관한 설명도 듣는 것은 참 좋은 일이었다. 화가는 그림을 그릴 뿐만 아니라 그릴 때 받았던 하나님의 은혜를 전할 수 있어서 좋았다. 듣는 사람들은 그림을 눈으로 감상할 뿐만 아니라 그 안에 감춰진 복음을 귀로 들을 수 있어서 좋았다. 물론 포기하고 싶을 때도 많았다.

그러나 지금까지 갤러리 사역은 계속 되고 있다. 이제 우리 교회 성도들은 성화의 가치를 안다. 우리는 함께 감상하며 기뻐한다. 또한 주변 사람들을 초대하여 함께 감상하고 그림을 통하여 복음을 전하며 함께 즐거워한다.

그림 전도 사역

개척 초기, 중학생 교복을 입고 공원에 앉아있던 소녀에게 복음을 전했다. 그녀는 심심했던지 듣기도 하고 묻기도 하며 진지하게 내 말에 귀를 기울였다. 30분쯤 지났을까? 중학생 소녀는 이제 가야 한다며 말했다. "사실 난 여호와의 증인이에요. 우리는 전도할 때 다른 것은 주지 않아요. 오직 진리만 말해요. 그런데 왜 기독교는 전도하면서 자꾸만 다른 것을 주나요? 진리에 대한 확신이 없거나 진리가 없기 때문이 아닌가요?" 그리고 내가 대답할 틈도 없이 벌떡 일어나 가버렸다.

가슴이 먹먹했다. 맞는 말이었다. 이것은 앞으로도 더욱 더 십자가만 자랑하라는 주님의 강력한 메시지였다. 초대교회 때 예수님의 제자들은 오직 복음만 전했다. 바울은 전도할 때 자신의 유식한 지혜나 말재주로 하지 않았다. '우리 주 예수 그리스도의 십자가 외에 결코 자랑할 것이 없으니'(갈 6:14) 오직 십자가만 자랑했다. 물론 고난이 있었지만 세상을 뒤집어버리는 능력이 나타났다.

지금 나는 무엇을 하고 있는가? 대중이 원하는 대로 적당히 십자가를 감추고 있지는 않았는가? 관객이 듣기 좋아하는 설교, 감정을 자극하며 감동을 주려는 예배 시간, 세상을 만족시키는 좋은 프로그램, 편히 쉴 수 있는 좋은 공간과 시설들을 추구하고 있지는 않았는가? 그러면서 가장 중요한 십자가는 외면하고 있지는 않았는가? 나는 그때부터 그림으로 전도하기 시작했다. 다른 것은 주지 않았다. 성화를 통하여 오직 복음만 전하려고 애썼다. 성화는 복음을 전할 수 있는 좋은 통로가 되었다. 사람들은 보다 쉽게 마음을 열었고 그림에 감춰진 복음에 관심을 보였다. 지금은 우리 교회 성도들과 함께 성화로 전도하는 훈련을 하고 함께 전도하고 있다.

성화 설교 사역

사탄은 헛된 이미지로 사람들을 조종한다. 무서운 이미지를 심어서 진리대로 살지 못하도록 방해한다. 진리를 말하면 큰 손해를 볼 것 같은 두려운 이미지에 사로잡히면 걱정이 많아져서 진리를 포기한다. 십자가를 지고 걸어가는 좁은 길을 피한다.

또한 마귀는 쾌락의 이미지를 심어서 욕심대로 살도록 유혹한다. 순간적인 재미에 마음을 빼앗기면 주체할 수 없는 정욕에 빠져 죄를 짓게 된다. 세상 방법대로 넓은 길을 걸어가며 자기 욕심을 채우게 된다. 그러나 허무함에서 벗어날 수 없다. 마귀가 주는 것은 이미지일 뿐 실체가 없기 때문이다. 성화는 '거룩한 이미지'이다. 이것은 마귀가 심어놓은 악한 이미지를 물리칠 수 있는 선한 이미지이다. 이것은 우리를 하나님께로 향하게 하는 거룩한 통로가 된다. 그러므로 성화를 묵상할수록 마음은 고요해지고 더욱 더 하나님께로 가까이 가게 된다.

하루는 전태영 작가의 성화를 하나 들고 기도원에 들어갔었다. 하루 종일 그 그림을 감상하며 기도를 하고 말씀을 묵상했다. 그의 작품에는 십자가가 숨어 있다. 처음에는 잘 보이지 않지만 한 번 발견하면 다른 것이 보이지 않는다. 오직 십자가만 보이게 된다. 그 안에 감춰진 십자가 복음은 내 심장을 울렸다. 나는 성화로 설교하기 시작했다. 우선 전태영 작가가 〈숨은 십자가〉를 주제로 그린 그림 중에서 10개를 모아 십자가에 관한 설교를 했다. 이렇게 전태영 작가는 그림을 그렸고 나는 그것으로 설교를 했다. 이렇게 같은 마음으로 연합하니 작가도 좋고 목사도 좋았다. 우리는 성화와 십자가 복음에 대해 함께 이야기하며 더 넘치는 은혜를 누릴 수 있었다. 십자가 복음은 우리를 변화시켰다.

요즘에는 다른 작가의 작품들을 가지고도 설교를 하고 있다. 성화를 통해 하나님을 발견하고 그 은혜를 선포한다. 꽃과 나무, 자연 만물 속에 기가 막힌 방법으로 메시지를 심어놓으신 하나님의 섭리를 전한다. 성도들은 하나님의 말씀을 귀로 듣기만하지 않고 눈으로 보게 되었다. 보이는 말씀은 더욱 강력하게 우리 마음에 새겨졌다.

사역자를 세우는 사역

성도들을 사역자로 세우는 일은 참 중요한 사역이다. 이를 위하여 여러 가지 훈련 과정이 필요하다. 그 중에 미술로 훈련시키는 과정에 대해 설명하려고 한다. 우리는 〈다릿목 선교회〉를 만들어 그림으로 복음을 전하는 훈련을 하고 거리로 나가서 그림으로 전도한다. 이를 위하여 십자가를 주제로 그린 성화를 선택했다. 십자가 복음을 담은 10장의 그림으로 십자가 복음 훈련을 시킬 수 있는 교재를 만들었다. 1부에서는 십자가와 하나 되는 과정으로 죽음, 변화, 칭의, 일치를 익히고, 2부에서는 십자가로 사는 과정으로 화해, 사랑, 희생, 생명, 지혜, 승리를 훈련한다. 성화를 통해 십자가 복음을 확실하게 깨닫고 전도하는 훈련을 한다.

미술선교 사역에 전적으로 헌신하는 미술선교사를 세우는 일도 참 중요하다. 전태영 작가는 태평양교회 창립 때부터 지금까지 한결같은 믿음과 사랑으로 갤러리 사역에 헌신했다. 10년 동안 단 한 번도 빠지지 않고 작가를 섭외하고 작품을 설치하는 일에 함께 했다. 태평양교회는 창립 10주년을 기념하여 전태영 작가를 미술선교사로 임명하여 파송했다. 미술선교사와 비전을 나누고 함께 사역하는 일은 참으로 중요하다. 그러나 이 사역은 처음으로 하는 일이라 쉽지 않았다. 지혜가 없어 막막했다. 그러나 하나님께서 시작하셨으니 하나님께서 이루실 것을 믿는다. 그러므로 오직 믿음으로 한 걸음씩 걸어가고 있다.

전태영 미술선교사는 영감 있고 복음을 담은 거룩한 성화를 그리는 사역에 헌신한다. 안정적으로 돈을 벌 수 없는 고된 일이지만 기꺼이 헌신한다. 기도하며 그림을 그리고 깊은 묵상을 통해 그림 속에 감춰진 십자가 복음을 캐낸다. 또한 간증을 통해 복음을 전하는 사역을 한다. 작품을 전시하는 것으로 멈추지 않고 그 작품 속에 감춰진 복음을 간증하는 사역을 통해 더 많은 사람들이 복음의 맛을 알고 주님께로 되돌아오는 기적이 나타났다. 우리는 국내 교회에서 뿐만 아니라 해외 선교 현장에서도 그림을 그리고, 가르치며 복음을 전한다.

해외 선교 사역

해외 선교 현장에서는 한 명을 전도하는 것도 쉽지 않다. 복음을 전하는 일이 법으로 금지된 나라들도 많다. 그러나 성화는 그들에게 복음을 전하는 길을 열어주었다. 성화를 보고 이것이 무엇이냐고 묻는 사람들에게 복음을 전할 수 있기 때문이다. 묻는 사람에게 대답하는 것은 큰 문제가 되지 않는다.

전도한 후에 기독교 지도자로 세우는 일도 참 어렵다. 특별히 글을 모르는 사람을 가르쳐서 예수님의 사람으로 온전히 세우는 일은 더욱 어렵다. 그들에게 맞는 특별한 교재도 없는 상황에서 지속적으로 말씀을 가르치기가 쉽지 않기 때문이다. 그래서 예수님을 믿은 후, 다시 옛날로 되돌아가는 현지인들이 많다. 참으로 안타까운 일이다. 그런데 복음을 담은 그림은 그들에게 좋은 성경공부 교재가 된다.

한번은 해외에 단기 선교를 갔을 때, 명함 크기의 전도지에 성화와 말씀을 담아서 가져갔었다. 먼저 현지 교회에서 그림으로 복음을 전했다. 가난했던 현지인들은 이러한 성화를 처음 봤다. 그들은 가장 먼저 이것이 사진이 아니냐고 물었다. 나는 그들에게 그림에 대해 설명하며 복음을 전했다. 그러자 현지인들은 크게 감동하고 자기들도 이것으로 전도하고 싶다며 명함 전도지를 조금 더 달라고 요구했다. 현지 신학교에서도 현지 신학생들에게 그림으로 복음을 가르쳤다. 그들 역시 그림을 통하여 전해들은 말씀에 크게 감동했다. 그래서 더 많은 그림과 더 많은 가르침을 원했다. 그러면서 그들은 말했다. "글을 모르는 현지인들에게 복음을 전하기가 너무 어려운데 이 작은 그림은 그들에게 너무 좋은 성경책이 될 수 있을 것 같습니다."

현지 선교사님은 말했다. "한국에서 단기 선교팀이 오는데 그들은 대부분 공연을 보여주고 함께 어울리며 교회로 초대하여 선교 용품을 나눠주는 일을 합니다. 진심으로 감사한 일입니다. 그러나 그들은 은혜를 받고 한국으로 되돌아가지만 선교 현장에서 그렇게 큰 도움이 되지는 않았습니다. 그런데 이러한 그림을 통해 현지인들에게 체계적인 전도 훈련을 시켜준다면 정말 큰 도움이 될 것 같습니다."

현지인들과 함께 그림을 그리고 자기가 그린 그림을 통해 복음을 전할 수 있도록 돕는 것도 좋다. 그들은 그림을 그리면서 상처와 아픔이 치료되고, 자존감이 세워지며, 다른 사람들 앞에 당당하게 서서 복음을 전할 수 있을 것이다. 아직 시작하는 단계이기 때문에 부족함이 많다. 두려움과 걱정도 많다. 그러나 그림을 그릴 수 있는 은사를 주신 하나님께서 그림을 통해 선하게 역사하실 것을 믿는다.

3. 문화 선교 비전

비전은 내가 만드는 것이 아니다. 우리가 억지로 만들 수도 없다. 비전은 하나님께서 주신 '거룩한 그림'이다. 하나님 나라의 설계도이다. 그러므로 우리는 겸손한 마음으로 잠잠히 기다린다. 하나님께서 우리에게 하나님의 비전을 꿈꿀 수 있도록 도와주시기를 갈망한다. 조용히 말씀을 묵상하고, 기도하며, 자연스럽게 '하나님의 비전'을 받는다. 그러면 가만히 있을 수 없다. 우리 마음이 불붙은 것 같아서 전할 수밖에 없고, 헌신할 수밖에 없다. 여기서는 하나님께서 주신 미술 선교의 비전에 관해서만 함께 나누려고 한다. 물론 내 욕심이 첨가되었을 수도 있다. 그러면 망해야 한다. 그러므로 내 교만한 욕심이었다는 것을 깨닫게 된다면 언제든지 회개하고 그만 멈출 준비도 되어 있다.

갤러리 선교 비전

태평양교회 갤러리에서 미술 작품만 전시했던 것은 아니었다. 〈십자가〉라는 주제로 〈사진전(展)〉을 하기도 했다. 참여했던 사람들의 작품들은 기발했다. 교회 안에서 발견할 수 있는 십자가, 일상 속에서 발견할 수 있는 십자가, 자연 만물 속에서 발견할 수 있는 십자가, 그밖에 여러 가지 모양으로 우리와 함께 하는 십자가의 은혜를 사진에 담아서 전시했다. 우리는 전시회를 준비하고 진행하는 동안 십자가에 대한 깊은 지혜를 얻을 수 있었다. 〈캘리그라피 전시회〉도 했다. 장기쁨 작가를 초대하여 〈행복전(展)〉을 열었다. 작가는 먼저 사람들의 행복한 모습을 사진에 담았고 그 사진 위에 성경말씀을 캘리그라피로 써서 입혔다. 참여했던 사람들은 자기 얼굴과 말씀이 어우러진 것을 보고 크게 감동하며 기뻐했다.

갤러리는 지역 사회에 오픈되었다. 앞으로는 〈행복한 우리 동네〉, 〈자랑스러운 우리 이웃〉 등의 주제로 사진전을 할 것이다. 교회 주변 지역에 사진을 공모하여 지역 사회를 섬길 것이다. 참여하는 사람들은 우리 동네에 관심을 갖게 되고 우리 동네 주민으로서의 공동체성을 회복하게 될 것이다. 이처럼 교회 갤러리는 지역 사회를 하나 되게 하는 일에 헌신할 것이다. 또한 초등학생이나 청소년을 대상으로 우리 동네 미술대회를 개최할 것이다. 미술대회에서 입상한 작품들은 액자를 만들어 교회 갤러리에 전시할 것이다. 자기 작품이 걸린 아이와 그 가족들은 자연스럽게 교회를 찾아오게 될 것이다. 이렇게 하여 교회에 열린 마음을 품게 되고 자연스럽게 교회로 들어와 복음을 듣게 될 것이다. 그렇게 하면 한 영혼이라도 주님께 돌아올 수 있는 복음 전도의 무대가 될 것이다.

기독교 미술관 비전

현재는 교회 안에서 작은 갤러리 사역을 하고 있다. 이렇게 작게 운영하기에는 기독교 미술이 가진 영성이 너무 커서 안타깝다. 그러므로 앞으로는 보다 전문적인 〈기독교 미술관〉을 꿈꾼다. 물론 아직은 시작하지도 않은 사역이지만 하나님께 기도하며 꿈을 키우고 있다. 기독교 미술관에는 다양한 테마가 있다. 한 방의 이름은 〈십자가〉이다. 여기에는 십자가 복음에 관한 그림을 전시한다. 또한 십자가 복음을 설명하는 책이 있다. 십자가 복음에 대하여 들을 수도 있다. 이곳은 잠시 작품을 관람하고 지나쳐 가는 곳이 아니라 오랜 시간 십자가 복음을 묵상하며 기도하는 곳이다. 어떤 방의 이름은 〈안식〉이다. 여기에는 안마의자가 있다. 천장에는 환하게 웃으며 우리를 위로하시는 예수님 그림이 있다. 이곳에서는 안마의자에 누워 작품을 감상한다. 피곤하고 지친 사람이 이곳에서 안마를 받으며 육체의 피로를 풀고 작품을 감상하며 마음의 위로를 받는다. 그러는 가운데 그의 영혼은 회복되고 힘을 얻게 될 것이다.

다른 방의 이름은 〈치유〉이다. 그곳에서는 전문적인 기독교 화가가 그림을 그리고 있다. 여기서는 화가와 함께 그림을 그릴 수 있다. 자연스럽게 자기 감정을 표현하며 스트레스를 풀면서 상한 심령은 치유될 것이다. 이밖에도 다양한 방에 다양한 주제의 성화들이 전시될 것이다. 거룩한 성화들은 그것을 감상하는 사람들에게 큰 기쁨과 감동을 주게 될 것이다. 예수님을 믿지 않는 사람에게는 믿음의 문을 열어주고 믿음이 있는 사람들에게는 더 깊은 믿음의 길로 안내하게 될 것이다. 그러므로 기독교 미술관은 하나님을 깊이 만날 수 있는 거룩한 통로가 될 것이다.

문화의 거리 비전

태평양교회가 있는 골목은 원래 어둡고 으슥하여 사람들이 잘 다니지 않던 곳이었다. 우리는 여기에 아름다운 벽화를 그렸다. 또한 쇼윈도를 만들었고 영감이 있는 성화들을 전시하여 길거리를 아름답게 했다. 또한 밤에는 환하게 불을 밝혀 예쁘고 안전한 거리로 만들었다. 주변에 카페가 생기면서 더 아름다운 거리가 되었다.

우리는 이 길을 〈꿈꾸는 오솔길〉이라고 부른다. 전문 작가뿐만 아니라, 할 수 있으면 우리 교회 성도들과 마을 주민들이 함께 어우러져 벽화를 그릴 것이다. 또한 조각이나 설치 미술 등 다양한 방법으로 다양한 작품을 전시하여 문화의 거리로 만들 것이다. 여기는 미술 작품을 전시하는 것으로 그치지 않는다. 그림과 함께 어우러진 다양한 문화 공연도 한다. 처음에는 강남대학교 안에 있는 음악 동아리와 연결되어 길거리 공연을 시작했다. 작은 무대를 만들었고 자연스럽게 음악을 즐겼다. 카페 안에서 〈이야기가 있는 작은 음악회〉를 열기도 했다. 누구든지 참여할 수 있었고 잔잔한 자기 이야기를 함께 나누었다. 동네 노래 잘하는 사람을 초대하여 함께 했다. 그는 기쁜 마음으로 기꺼이 함께 했고 앞으로도 언제든지 함께 하겠다고 약속했다.

교회 카페 앞의 길거리에는 〈1,000원 상회〉도 있다. 다양한 옷과 물건들이 모두 1,000원이다. 처음에는 교인들이 가져온 물건을 팔았다. 너무 초라해서 동네 사람들의 비웃음거리가 되지 않을까 하는 걱정도 있었다. 그러나 많은 사람들이 큰 관심을 보였다.

특별히 혼자 사는 노인들이 좋아했다. 여자들보다 남자들이 더 많은 관심을 보인 것도 신기했다. "이것이 진짜 천 원이예요?"라고 물으며 물건을 구매하는 사람들도 많았다. 그 중에는 "저도 여기에 물건을 기증해도 되나요?"라고 물으며 참여하는 사람들도 있었다. 길거리 장터는 누구든지 기증할 수 있고 누구든지 구매할 수 있다. 문화의 거리는 점점 더 넓어질 것이다. 자연스럽게 사람들을 만나고 함께 어우러질 것이다. 사람들은 자연스럽게 성화를 보고 마음을 열게 될 것이다. 복음의 빛은 자연스럽게 밝게 빛날 것이다. 억지로 강요하지 않아도 하나님의 은혜는 이 거리에 가득하게 될 것이다.

문화 마을 비전

믿음은 삶이다. 문화는 믿음으로 사는 삶의 길을 열어준다. 문화는 강요하지 않아도 그렇게 살게 되는 삶이기 때문이다. 이를 위하여 혼자 사는 것보다, 함께 모여 믿음을 나누고, 문화를 나누고, 삶을 나누는 것이 좋다. 그러므로 초대교회 성도들은 모이기에 힘썼다.

태평양교회는 할 수 있는 대로 함께 모여 사는 꿈을 꾼다. 한 집에서 살 수도 있지만 같은 동네에서 함께 산다. 옆집, 윗집, 아랫집에서 함께 더불어 산다. 교회에서 집을 제공하는 것은 아니다. 성도들이 교회 가까운 곳으로 이사를 온다. 함께 모여 땅을 사고 함께 집을 짓기도 한다. 물론 어려운 사람들을 위해 쉼터를 제공해 주기도 한다. 이렇게 함께 모여 살면서 함께 기도하고, 함께 일하고, 함께 쉰다. 물론 같은 일을 하는 것은 아니다. 그러나 같은 하나님 나라의 꿈을 꾼다. 거룩한 사명도 함께 나눈다. 부부 문제, 자녀 양육 문제 등도 함께 해결한다. 이곳은 하나님께서 통치하시는 하나님의 나라다.

우리는 이 마을이 문화 마을이 되는 꿈을 꾼다. 믿음의 반석 위에서 문화 나무가 자라나는 곳이다. 전문가들이 함께 모여 살면 더욱 아름다운 마을이 될 것이다. 그러므로 예술가들이 함께 모여 살 수 있기를 희망한다. 그러나 우리는 모두 하나님의 걸작품이며 하나님께 문화적인 달란트를 받았다. 그러므로 어린 아이의 작품도 깊은 감동을 주는 것이다. 문화 마을은 그 누구의 작품도 존중되며 모든 삶이 거룩한 작품이 된다. 우리는 이렇게 함께 어우러져 하나님의 다스림을 받는 아름다운 기독교 문화 마을을 꿈꾼다.

해외 선교 비전

우리는 해외 선교 현장에도 갤러리 교회가 세워지는 꿈을 꾼다. 문화적인 혜택이 전혀 없는 선교 현장에서는 현지인들에게 호기심을 자극하여 복음을 들을 수 있는 좋은 무대가 될 것이다. 그리하여 자연스럽게 주님을 그리스도로 영접할 수 있도록 돕는다.이곳은 주일에는 예배를 드리는 교회이지만 주중에는 갤러리와 학원이 된다. 현지인들은 그림을 배우면서 꿈을 키울 수 있다. 미술뿐만 아니라, 음악도 배우고 그들이 필요한 것도 배울 것이다.

전문적인 교육 과정을 통하여 그들이 기독교 지도자로 세워지는 꿈을 꾼다.매년 현지 아이들을 대상으로 미술 대회도 개최한다. 한국에서 전문적인 기독교 화가들과 함께 참석하여 미술을 가르치는 일도 함께 한다. 여기서 1등을 하면 장학금도 주고 꿈을 키울 수 있도록 지원한다. 그러므로 현지 아이들에게는 꿈을 펼칠 수 있는 멋진 무대도 될 것이다. 그들이 그리스도 안에서 꿈을 키울 수 있기를 기도한다.

그림을 통하여 복음을 전할 수 있는 전도자 훈련도 한다. 현지인을 복음 전도자로 세우는 일은 참 귀하고 복된 일이다. 현지인이 영감 있는 좋은 성화를 통하여 체계적으로 복음을 전할 수 있도록 훈련한다. 또한 글을 모르는 현지인들과 함께 그림을 그리며 자기가 그린 그림으로 복음을 전할 수 있도록 돕는다.

선교 현장에서 헌신하는 선교사들을 돕는 사역은 매우 중요하다. 선교는 교회 성장의 도구가 아니다. 우리는 영적 전쟁의 최전방에서 싸우는 선교사들의 헌신을 인정하고 겸손하게 최선을 다하여 그들을 도울 것이다. 그러므로 우리는 그리스도 안에서 함께 동역하며 문화적으로 선교들의 사역을 후원하는 꿈을 꾼다.

4. 가치

예수님께서 말씀하셨다. "거룩한 것을 개에게 주지 말며 너희 진주를 돼지 앞에 던지지 말라. 그들이 그것을 발로 밟고 돌이켜 너희를 찢어 상하게 할까 염려하라."(마 7:6) 거룩한 성화는 값비싼 진주와 같다. 그 안에 복음을 담았기 때문이다. 그러나 많은 사람들에게 아무렇게나 발로 밟히고 있다. 그들은 그 가치를 모르기 때문이다. 사람들에게 성화를 보여주면 거의 대부분 이렇게 말한다. "저는 그림을 잘 몰라요." 그런데 그 안에 감춰진 복음을 듣고 그 가치를 발견하면 달라진다. 마음을 열고 우리와 함께 흥분하며 기뻐한다. 그러므로 우리는 더 많은 사람들이 성화의 가치를 깨닫고 더 분명하게 주님을 만나며 더욱 확실한 믿음을 회복하는 꿈을 꾼다.

기독교 미술 선교사

세상 사람들은 힘들 때 그림을 그린다. 그 그림에는 아픔이 담겨있다. 그러나 기독교인은 은혜 받았을 때 그림을 그린다. 그 그림에는 찬양과 간증이 있다. 그것은 거룩한 성화(聖畵)로서 하나님을 만나는 통로가 되고 우리에게 더욱 더 분명한 믿음을 준다. 그런데 한국에서 화가라는 직업을 가지고 살기란 쉽지 않다. 몇몇 유명한 작가들은 비싼 값에 자기 작품을 팔 수 있기 때문에 살기 좋지만 대부분의 화가들은 그림만 그려서는 제대로 먹고 살 수가 없다. 아무리 그림을 잘 그려도 제 값에 팔기가 쉽지 않은데다가 그나마 잘 팔리지도 않는다. 그림의 가치를 모르는 사람들이 많기 때문이다. 그러므로 한 가정의 가장이 화가라는 직업으로 산다는 것은 거의 기적에 가깝다.

화가들 중에서도 성화를 그리는 화가는 더욱 살기 힘들다. 한국에서는 성화를 낮게 평가하기 때문이다. 달력 그림이라고 우습게 보는 경향이 있다. 더 힘든 것은 같은 믿음을 가진 기독교인들조차도 성화의 가치를 인정하지 않다는 것이다. 그림을 그리는 전문가로서 최선을 다해 그렸지만 교회에서도 외면한다. 아무렇지도 않게 그것을 교회에 헌물하라며 헌신을 강요하기도 한다. 그 말에 순종하여 헌물을 해도 교회 창고에서 먼지만 쌓이는 경우도 많다. 그럴 때마다 화가들은 피눈물을 흘린다. 전태영 미술선교사는 이렇게 어려운 환경에서도 십자가를 그리는 사역을 하고 있다. 한 가정의 가장으로서 너무 지치고 힘들 때가 많았다. 돈이 없어서 그림을 그릴 물감이 떨어졌을 때는 진짜로 포기하고 싶었다. 그러나 그와 함께 하시는 주님의 은혜로 지금까지 순전한 믿음으로 성화를 그리고 있다. 그 모습은 개척교회 목사와 다를 것이 없다. 오히려 더 거룩하다.

성화를 그리는 과정은 설교를 준비하는 과정과 비슷하다. 말씀을 묵상하고, 기도하고, 영감을 받으면 그림을 그리다가, 또 기도하고…. 그렇게 탄생한 성화는 하나님을 만나는 통로가 될 수밖에 없다. 그런데 그 가치를 모르는 사람들이 많다는 것이 참으로 안타깝다. 나는 전태영 미술선교사와 함께 미술 선교의 사명을 나눌 때마다 가슴이 뜨거워진다. 현재 우리는 서로 가진 것이 별로 없다. 그러나 아무리 작은 것이라도 함께 나눌 때마다 더욱 풍성해진다. 더 큰 비전을 품게 되고 더 큰 믿음과 사랑으로 저절로 헌신하게 된다.

미술 선교 사역

과거의 한국 교회는 음악으로 세상을 섬겼다. 음악의 가치를 잘 알고 있었던 한국 교회는 세상의 문화를 리드했다. 그러므로 음악을 통하여 마음을 열고 주님을 영접하는 사람들이 많았다. 지금도 여전히 음악 선교 사역에 집중하고 있는 사역자들이 많다.

이제는 문화 사역의 눈을 넓힐 때가 되었다. 음악뿐만 아니라 미술로도 세상을 섬길 때가 되었다. 빠르고 강한 것도 좋지만 느리지만 깊은 영성이 있는 미술을 통해 세상과 소통할 때가 되었다. 빨리빨리 속도를 추구하는 사람들을 잔잔한 미술로 감싸줄 때가 되었다. 우리는 상처받은 사람들이 거룩한 성화를 통하여 은혜를 받고 하나님께 돌아오는 꿈을 꾼다.

요즘에는 교회 갤러리가 많아지고 있다. 그러나 그림에 대한 관심은 여전히 낮다. 많은 사람들이 성화 속에 감춰진 보화를 캐낼 수 있다면 얼마나 좋을까? 모든 것을 팔아서라도 그것을 살 수 있을 만큼의 가치가 있다는 것을 깨달을 수 있다면 얼마나 좋을까? 우리는 많은 사람들이 성화를 보는 눈이 열리기를 위해 기도한다. 그리하여 성화를 통하여 하나님을 만나고, 하나님을 전하며, 모두 함께 하나님을 찬양하는 거룩한 꿈을 꾼다.

Chapter 09

마음이 가난한 목사의 십자가 이야기
박성용 목사 (큰소망교회)

이메일 : tomkorea@hotmail.com

카카오ID : tomkorea

페이스북 : facebook.com/sungyoung.park.773

홈페이지 : cafe.daum.net/greatsmc

한 사람이 목사가 되기를 바라고 목사가 되어 그 길을 걸어간다는 것은 전적으로 하나님의 부르심이 있어야 함을 우리는 알고 있다. 무엇이 된다는 것은 그것에 알맞은 옷을 입고 준비가 되었음을 의미한다. 물론 처음부터 완전하게 만들어져 이루어진 이들은 아무도 없다. 모든 목회자들이 교회를 개척하며 부흥을 꿈꾸고 바라보면서 목회를 시작하며 나 또한 부흥을 꿈꾸면서 도시 목회를 시작하게 되었다. 나의 방법으로 성장과 부흥을 위해 할 수 있는 것들을 찾아 계획하고 시도해보았는데 이 때의 목표는 오직 교회 부흥이었다. 어떤 분은 '자나 깨나 불조심'을 '자나 깨나 교회 부흥'이라고 외치면서 나간다고 말씀하셨다.

개척하고 3년 무렵 나는 힘도 잃고, 교회 부흥에 대한 의지도 약해지고 있었다. 한국 목회 현실에 눈을 뜨게 된 것이었다. 다른 이들은 1년이면 알게 된다는데, 나는 3년이 걸렸다. 설상가상으로 가정에서 여러 가지 힘겨운 문제들이 나를 억누르고 있었다. 그것은 목사이며, 남편이며, 아버지이며, 아들의 삶이었고 그 무게는 나를 고단한 광야로 몰아가고 있었다.

설상가상으로 평소 좋지 않던 허리가 순간의 실수로 말미암아 앉지도, 서지도, 걷지도 못하게 되었다. 일주일을 집에서 누워 있어야 했고, 병원에서는 수술을 권유하고 있었다. 지금 생각하면 하나님은 나를 광야로 부르시고, 그곳에서 만나 주셨던 것이다.우연찮게 S교회의 기도 모임에서 기적적인 하나님의 은혜를 체험하게 되었다. (저는 '기적적인 하나님의 은혜'란 말을 쓰는 것을 좋아하진 않는다. 왜냐하면 하나님의 은혜는 기적이 아니라 일상적인 것이기 때문이다.)하나님의 실존하시는 치유의 은혜를 체험하였다. 이 은혜의 체험은 매우 개인적인 것이었다.

그 은혜 체험이 내게 영적인 목마름을 갖게 하였다. 성경을 더 깊이 알기를 원했고, 은혜를 더 사모하게 되었다. 사실, 말씀과 은혜에 대한 갈망은 모든 신앙인들의 공통된 영적인 갈망일 것이다. 하지만 영적인 갈망이라는 것이 매우 개인적인 것이어서 그 깊이와 넓이와 길이와 높이가 개인마다 다르다는 것을 우리는 잘 알고 있다. 그래서 어떤 분들은 '믿음의 분량'이라는 단어를 인용하기도 한다. 영적인 목마름이 나에게 말씀을 읽고, 묵상하는 시간을 더 많이 갖도록 하였다.

한번은 모세오경의 말씀을 읽을 때였다. 성막에 관한 이야기가 나를 사로잡았고, 성막에 대한 자료들을 여기저기에서 찾기 시작했다. 성막을 직접 눈으로 보고 싶어서 성막으로 유명한 목사님 교회에 전화 문의도 없이 무작정 달려가 성막을 눈으로 보며, 그 은혜를 체험하기도 했다. 지금 돌아보면 영적인 목마름이 아니었다면 상상도 못할 적극적인 행동이었다. 그 당시 주변의 동료 목회자들의 도움과 협력으로 이 모든 것들이 가능했다. 궁금하고 모르면, 묻고 찾아가 보았다.

이렇게 은혜의 맛에 빠져 1년을 보냈다. 1년 뒤 내 맘속에서 이런 질문이 맴돌았다. 목회 현장에서 들려오는 질문이었다. '왜! 성도들이 방황하는가?' 물론 끊임없이 사명을 위해 열정적으로 달려가는 뜨거운 분들이 참 많이 계시다. 그러나 우리 목회 현장에서 방황하고, 곤고하고, 흔들리며, 목마른 성도들을 심심찮게 대면하게 된다. '왜! 성도는 방황하는가?'라는 질문에 답을 찾기를 원한다.

십자가를 갈망하라(자기 십자가)

2010년 봄, 말씀 묵상 중에 마태복음 16장 24절의 말씀이 나에게 큰 감동으로 다가왔다.

"이에 예수께서 제자들에게 이르시되 아무든지 나를 따라 오려거든 자기를 부인하고 자기 십자가를 지고 나를 좇을 것이니라."

순간 이 말씀을 읽는 중에 '자기 부인'과 '자기 십자가'라는 단어가 내게 큰 의문이 되었다. 사실 이 말씀은 목회활동에서 수없이 설교와 심방, 권면에 사용한 말씀이었다. 그러나 그 때는 생각 없이, 즉 깊은 깨달음 없이 그냥 말씀을 전했었다. 이 말씀은 신학대학원에서 설교학 과제물로 제출했던 말씀이라 너무나 익숙한 말씀이었다. 말씀이 익숙한 것과 그 말씀의 참 은혜를 깨닫는 것은 다름을 그날 알게 되었다.

너무나 익숙한 '자기를 부인하는 것'과 '자기 십자가를 지는 것'이 말씀 묵상 중에 온통 의문으로 다가왔다. 그리고 이 '십자가'가 내가 갖고 있던 의문인 '왜! 성도가 방황 하는가?'의 해답임을 깨닫게 되었다. 그때의 개인적인 은혜를 나눈다면 이렇다. 예수 그리스도의 사람들은 주님의 제자들이라고 성경은 말하고 있다. "제자를 삼으라"라고 주님이 명령하셨다. 선교의 슬로건으로 많이 사용하는 말씀이다. 그런데 제자가 되기 위해서 반드시 해야 하는 것이 있다. 그것이 바로 자기 부인과 자기 십자가를 지고 따르는 것이다. 내게 이 말씀을 적용했다. 나는 자기 부인이 되었는가? 생각해 보니 목사로 부르심을 받았다는 것은 자기 부인이 어느 정도는 완성되었다는 자신감이 들었다.

물론 이 자신감이 깨어지는 시간은 한 순간이었다. 근거 없는 자신감을 나는 교만이 나타내는 한 형태라고 본다. 하나님의 은혜 앞에 인간의 교만은 한 순간에 깨어짐을 우리는 잘 알고 있다.

하지만 당시 나는 나 스스로에게 정당성을 부여하고 자기 부인이 되었다고 생각했다. 그 다음 질문에 답을 찾고 싶었다. 내게 자기 십자가는 과연 무엇인가? 사실 우리가 자기 십자가라고 말할 때는 자신의 환경과 책임, 처지, 혹은 사명 등을 자기 십자가라고 말하기도 한다. 물론 이것이 잘못된 해석이라고 주장하고 싶지는 않다. 당시에 나는 정말로 나의 십자가가 무엇인지 알고 싶었다.

'내 십자가는 무엇일까?'라는 고민을 하면서 사순절을 지나, 고난 주간에 이르게 되었다. 고난 주간에 특별 프로그램으로 묵상을 하길 원했다. 순간 나무 십자가가 생각났다. 고난 주간은 주님이 십자가를 지시고, 십자가에 달려 돌아가신 주간이다. '이번 고난주간에는 주님의 십자가 지심을 묵상하면서 십자가를 직접 만들어 보자'라는 생각을 갖고 실천에 옮기려 했다. 나무 십자가를 만들기 위해서 가장 우선적으로 필요한 도구와 재료를 집과 교회에서 찾아보았다. 우선 톱을 찾았다. 감리교 목사로 은퇴하신 아버님이 30년 전부터 쓰시던 톱이 있었다. 낡고, 녹슬고, 어설퍼 보이는 것이지만 새로 장만하는 것보다는 경제적으로 절약하는 것이기에 그냥 쓰기로 했다. 그 다음은 나무가 필요했다.

도시 한 복판에서 나무를 구하기는 보통 어려운 일이 아니다. 쓸 만한 나무가 필요한데 그것을 목재상에서 구입하기에는 금전적으로 아깝다는 생각이 들었다. 당시를 돌아보면 나는 정말 가난한 사람이었다. 고난주간

목요일 새벽에 교회 입구에 누군가 썩어서 부러진 가로수 지주목을 버리고 간 것이 보였다. 새벽기도를 하면서 쓰레기를 처리해야 하는 개척교회 목사의 분노가 그날 새벽기도를 집중하지 못하게 했다. 그런데 그날 오후 부러지고 버려진 나무를 처리하려다 문득 이 나무로 십자가를 만들면 되겠다는 생각이 들었다. 이제 재료들이 다 준비되었다.

십자가를 준비하라(나무, 톱, 정, 망치, 마음)

완벽한 준비라는 생각에 매우 기쁘고 신났다. 몇 가지 기쁜 이유들을 찾아보았다. 일단은 돈이 전혀 들지 않았다. 만약 돈이 들었다면, 기쁘거나, 신나 하지 않았을 것이다. 성금요일 십자가를 만들려고 교회의 뒷자리를 밀고 한껏 들뜬 마음으로 나무, 망치, 톱, 정을 깔아 놓았다. 준비물들을 보면서 내심 스스로가 무엇인가 큰일을 하는 것이란 착각과 예술가가 된 듯 우쭐함 속에서 나무를 잡았다.

십자가를 만들기 위해 나무를 잡는 순간 나의 마음에서 '내가 주의 종 (목사)인데…'라는 생각이 나의 손을 멈추게 하였다. 그리고 스스로에게 이렇게 말하고 있었다. '오늘이 주님이 십자가에 달리신 성금요일인데, 내가 주님의 종(목사)이라면서 어떻게 주님을 매달 십자가를 만들 수 있을까? 주님의 제자가 주님을 매단 십자가를 다시 만들 수 없다. 나는 주님의 종이기에, 나는 십자가를 만들 수 없다' 스스로가 목사임을 깨달으면서 십자가 만들기를 포기했다. 다른 것은 목사답지 못하면서, 그 날(성금요일)만큼은 주님의 제자, 종, 목사로 서 있고 싶었다. 나중에 생각했지만 그것은 목사가 갖고 있는 최소한의 양심이었다. 양심이라고 말하는 것은 아주 부드럽게 표현한 것이고, 실제는 두려움이 내게 다가왔던 것이다.

그 두려움의 실체는 첫 번째, 내가 죄인이라는 것이었다. 죄인인 나 자신이 어떻게 흠도 없고, 죄도 없으신 만유의 구원자이신 예수 그리스도의 십자가를 지신 날을 기념하는 성금요일에 나의 개인적인 묵상(욕심)을 위해서 십자가를 만들 수 있겠는가? 삯꾼 목사가 아니고서는 그것은 불가능한 것이다. 고난주간 십자가를 만들며 묵상하는 것은 포기했다. 재료들은 다 준비되었지만 그 날 만큼은 주님의 고난을 동참하기 위해서 절제와 경건으로 보내기로 했다. 나무 십자가 만드는 것을 포기한 후, 하루가 빠르게 지났고, 고난주간도 순식간에 지나갔다.

부활절을 맞이하면서 교회는 부활의 기쁨을 나누는 행사를 가졌다. 개척 교회이니 행사를 해도 소요 시간이 그리 길지 않다. 그래도 부활절 행사를 위해 혼자 기획하고, 준비하고, 실행하다보니, 저녁이 되었다. 그때 피곤함이 몰려들었다. 고난주간에 십자가를 만들지 않은 것은 참 잘했다는 생각이 들었다. 해보지도 않은 나무 십자가를 만들었으면 시간도 많이 소요 되었을 것이고 힘들었을 것이라는 판단이 들었다. 마음 한 구석에서 내일 쓰레기 나무(십자가 나무)를 처리해야겠다는 결심을 하고 있었다.

창세기에서 "저녁이 되고 아침이 되니 새 날이 되었다"고 했는데, 부활절 다음 날 아침은 실제로 새 날이 되었다. 나는 그 월요일을 이렇게 표현한다. "그날은 나에게 진짜 세계가 열리는 날 이었다." 그날 새벽기도를 마치고 집으로 돌아와 자유를 만끽하려는 순간이었다.

며칠 전 오만한 마음으로 준비한 나무 십자가 제작도 포기하고 풍성한 부활절을 보냈던 터라 참 평화롭고, 평안한 시간이었다.

십자가를 만들라

부활절 다음날인 월요일은 내게는 자유의 시간이었다. 자유의 시간을 즐기려던 그 순간, 생각과 마음에서 쓰레기 나무가 솟아올랐다. 그 나무로 십자가를 만들어 보고 싶었다. 나무 십자가를 만들고 싶다는 생각, 갈망이 너무나 커서 견딜 수 없었다. 그 갈망은 마치 사랑하는 여인을 기다리고, 기다리다 못해 달려가는 그런 갈망이었다. '사랑하는 것을 향한 달려감'이라고 표현하면 좋을 것 같다. 교회로 달려가서 순식간에 나무 십자가를 만들 준비를 했다. 같은 자리임에도 달라진 것이 있다면, 그것은 진정으로 마음의 준비가 되었다는 것이다.

썩고, 깨지고, 부러지고, 버려진 볼품없는 나무를 바라보았다. 보잘 것 없는 나무로 십자가를 만들려고 하니 작업을 위해 세심하게 관찰하게 되었다. 십자가를 어떻게 해야 잘 만들지 곰곰이 생각하게 되었다. 잘라야 할 부분들을 결정하고, 버려야 할 부분들을 결정한다. 결정이라는 단어에는 많은 의미가 있다. 나는 십자가 만들기에서 '결정'이라는 단어를 '결단'이라고 바꾸어 말한다. 이 '결단'은 십자가 묵상에서 매우 큰 은혜로 우리를 인도하는 열쇠이다. 당시 나는 결단(결정)하고 나무를 잡았다. 그 순간 나는 강력한 은혜를 경험하게 되었다. 그 은혜를 표현한다면 이렇다. 나무를 잡는 순간 주님이 십자가를 지시는 고통과 아픔들이 고스란히 나에게 몰려왔다. 의도하지 않은 것들이 나의 몸과 마음, 영을 사로잡고 예수님의 십자가 고통이 얼마나 큰 것인지를 깨닫게 했다. 십자가의 괴로움이 고통을 넘어 이제 그 십자가(주님의 십자가)가 나를 위한 주님의 위대한 사랑과 용서, 긍휼, 자비, 온유함으로 다가왔다.

당시의 은혜들을 정확하게 표현하는 것은 참 어리석은 것으로 생각된다. 인간의 언어가 십자가의 은혜를 정확하게 표현할 수 없다는 것을 그때 알았기 때문이다. 단지 그 은혜를 자신만의 언어로 나타낼 뿐이다. 2시간을 아무 것도 하지 못한 채 은혜와 감격, 감동 속에 머물게 되었다. 그 은혜를 내게 주시는 하나님께 감사하게 되었다. 그 감사 뒤에야 나는 십자가를 만들 수 있는 용기와 결단을 갖게 되었다. 훗날 받은 은혜를 정리하면서 십자가 만들기를 이렇게 정의하게 되었다.

"나의 십자가를 만든다는 것!" 그것은 예수 그리스도의 십자가에 참여하는 것이며 십자가의 은혜를 체험하는 것이다. 나무를 자르고 두 개의 나무를 적당하게 서로 반씩 쪼개고, 파내어 하나로 연결한다. 순식간에 두 개의 나무가 정확하게 연결되어 튼튼한 십자가가 된다. 사실 '쓰레기로 버려진 나무가 제 아무리 십자가가 된들 얼마나 멋지고 아름다울까?'라는 생각이 들겠지만, 십자가의 아름다움은 만들어 본 자만이 알기에 여기서는 그 아름다움을 구체적으로 말하지 않는다. 첫 번째 십자가를 완성하게 되었다. 첫 십자가의 이름은 은혜의 십자가로 부르게 되었다. 처음 십자가에 이름을 붙이는 것이 많이 어색했다. 교만한 것 같기도 하고, 너무 지나친 것 같기도 하였다. 사실 나무 십자가에 이름을 붙이는 것은 십자가 묵상을 더 효과적으로 하게 한다.

"은혜 중에 제일 큰 은혜는 깨닫는 은혜이다." 첫 번째 십자가를 만들면서 기대하지도 않은 주님의 은혜를 체험하게 되었다. 깨닫는 은혜가 무엇인지 정확하게 알고, 이해하고, 경험하고, 소유하게 되었다. 난생 처음 십자가를 만들었는데 이렇게 큰 은혜를 소유하게 될 줄은 상상도 못했다. 가끔 은혜 받은 분들이 그냥 하시는 말로 '하나님의 은혜입니다.'라는 말씀들이 잘 이해되지 않았지만, 이제는 그 하나님의 은혜가 어떤 것인지를 말할 수 있게 되었다.

십자가를 묵상하라

은혜의 십자가를 만들고, 그 은혜들을 깊이 묵상하기 시작했다. 말이 좋아 묵상이지 실은 내가 받은 은혜를 감당하기 위해서 시간을 두고 은혜의 십자가를 다시 조명해 보기 위함이었다. 은혜를 받는 것이 참 중요하다. 더 중요한 것은 받은 은혜를 어떻게 나의 소유로 간직 하느냐? 는 것이다. '들은 것이 되느냐?'와 '나의 것이 되느냐?'의 차이라고 하면 이해하기 쉬울 것이다.

은혜의 십자가를 만들면서 깨닫게 된 것들을 깊이 묵상했다. 묵상을 어떻게 할 것인지를 고민하지는 않았다. 방법은 너무나 쉽고 간단했기 때문이다. 은혜의 십자가로 묵상하는 나만의 방법을 간략하게 나눈다면 먼저 은혜의 십자가를 바라보면서 믿음으로 하나님의 은혜를 더 깊이 알게 하심을 간구하는 것이다.(간구기도) 두 번째로 은혜의 십자가를 더 세세하게 살펴보는 것이다.(바라봄) 내가 만든 십자가를 면밀하게 바라보는 것이다. 사실 나무 십자가의 특징이 있다면 그것은 세상에서 하나 밖에 없는 십자가라는 것이다. 같은 크기, 같은 모양을 만들려고 노력해도 나무의 특성상 똑 같이 만들 수는 없다는 것이다.

나는 십자가를 묵상하면서 우리의 존재가 바로 이런 유일하고, 독창적인 존재임을 깨닫게 되었다. 하나님이 우리를 창조하실 때, 똑같은 사람으로 만들지 않으신 것은 우리의 가치가 얼마나 위대하고, 존귀한지를 보여주시는 것이다. 나무 십자가를 세밀하게 살펴보면서 하나님의 위대하심과 하나님의 창조하심을 묵상한다.(감사) 묵상에는 언제나 하나님의 은혜에 대한 감사가 있어야 한다. 십자가 묵상의 과정 중에 항상 감사를 선포하고 노래한다. 주로 나는 시편의 말씀을 인용하여 선포한다. '내 영혼아, 여호와를 송축하라. 내 속에 있는 것들아, 다 그의 거룩한 이름을 송축하라.'(시편103:1)

감사의 말씀을 선포한 뒤에 성경에서 '은혜'에 관련된 말씀들을 찾아 읽고, 그 말씀들을 하루 종일 붙들고 생각하며, 깊이 연구한다. 이것을 나는 말씀을 마시고 먹는 것이라고 말한다. 보통 묵상이라고 하면 하루 중 특정한 시간을 정해 말씀을 읽는 것이라 생각할 수 있지만, 십자가 묵상법은 그 십자가를 붙들고 하루 온 종일 말씀과 연결하여 십자가의 의미를 묵상하는 것이다.(말씀을 마시고 먹는 것)

첫 나무 십자가(은혜의 십자가)를 만들고 나서 은혜를 깊이 묵상 한 후에 그 은혜가 너무 크고 그 은혜에 감동하여 내가 받은 은혜를 나누고 싶었다. 그래서 교회 입구에 은혜의 십자가를 화분에 심어서 세워 놓고 성도들에게 '은혜의 십자가'임을 알리고, 우리 모두 하나님의 은혜로 살아가는 사람들임을 말씀과 교제의 시간에 나누었다.(은혜를 나눈다)

십자가 묵상법을 단순하게 정리한다면, 간구기도 —〉 바라봄 —〉 감사선포 —〉 말씀을 마시고 먹음 —〉 은혜 나눔 순서로 정리 할 수 있다. 십자가 묵상법과 다른 묵상법의 차이는 십자가 묵상법은 실제적으로 나무 십자가를 만들고 나무 십자가를 갖고 묵상하는 것이라는 점이다.

십자가 묵상법의 목적은 나무 십자가를 통해서 십자가의 진정한 은혜를 바라보게 하는 것이다. 당시 나는 영성 훈련에 많은 관심을 갖고 있었다. 그래서 나무 십자가를 만드는 것과 그 십자가를 통한 묵상이 내게는 깊은 은혜의 통로가 되었던 것이다. '어떤 것에 관심을 갖느냐?' 가 그 사람의 삶을 결정한다고 한다면, '어떤 것에 집중하느냐?'는 그 사람의 영성을 결정한다고 생각한다. 경제에 집중한다면 경제와 관련된 삶을 살게 될 것이다. 사회운동에 집중한다면 사회운동에 관련된 삶을 살게 될 것이다. 십자가 묵상을 통해서 제가 알게 된 것은 묵상에는 다양한 분야와 방법들이 있다는 것이다. 묵상하는 방법이 중요한 것이 아니라, 그 묵상의 중심에 '예수 그리스도가 있는가!'라는 것이 중요하다.

십자가로 훈련하라

첫 번째 나무 십자가를 만들면서 깊은 은혜를 체험하게 되었다. 은혜를 받게 되면 나타나는 현상이 있다. 그것은 나누게 된다는 것이다. 은혜 받은 것을 자랑하는 것과 나누는 것은 분명한 차이가 있다. 은혜를 나누는 것은 예수 그리스도만을 자랑하는 것이다. 바울은 갈라디아서 6장 14절 말씀에서 '십자가 외에 결코 자랑할 것이 없으니....'라고 고백하고 있다.

나는 이 말씀이 십자가의 은혜를 나누는 자의 참된 모습이라 생각한다. 십자가를 자랑하기 위해서 십자가를 알아야 한다. 십자가의 은혜를 나누기 위해서 일회적으로 체험한 은혜의 십자가로는 무언인가 아쉬움이 남았다. 십자가를 더 만들고 싶은 갈망이 가득했다. 이 갈망을 이루기 위해서 꼭 필요한 것이 있다면 십자가의 주재료인 나무였다. 도시에 살면서 나무를 구하는 것은 쉽지 않다. 물론 가까운 산에 가서 나무를 구할 수 있지만 자칫 법적인 문제를 야기 시킬 수도 있었다.

개척교회 목사가 할 수 있는 것은 무엇인가? 1번 기도, 2번 기도, 3번 기도.... 기도 밖에 없었다. 난생 처음으로 하나님께 나무를 간구했다. 하나님은 기도에 응답하셨다. 확실하고 정확하게 응답하셨다. 십자가를 만들 수 있는 나무들을 때를 따라 거저 얻게 하셨다. 그것도 너무나 손쉬운 방법으로 나무들을 얻게 하셨다. (참고로 6년 동안 나무를 얻게 하셨다.) 나무 십자가를 만들면서 십자가 묵상을 하고 그 묵상 속에서 깊은 은혜들을 깨닫고 체험하는 것이 나에게는 목회와 삶에서 가장 큰 기쁨이 되었다.

어떤 분은 제가 십자가 공방을 차린 거 아니냐며 저를 이상하게 보시는 분도 있었다. 이제 와서 고백하는 것이지만 나는 나무 십자가 만들기를 좋아한 것이 아니라 나무 십자가를 통해 부어지는 하나님의 은혜를 좋아한 것이다. 그것은 십자가 만들기를 통한 묵상의 과정과 그 기간을 보면 알 수 있다. 나무 십자가를 제작하기에 앞서 몇 가지 규칙들을 스스로에게 정했다.

1. 하루에 3개 이상은 만들지 않는다.

2. 나는 은혜를 위해서 만들지, 재미를 위해서 만들지 않는다.

3. 말씀으로 조명하고, 말씀으로 먹고 마신다.

4. 나무 십자가는 은혜를 나누는 것이다.

5. 자동화 기계를 사용하지 않는다.(수작업으로 만든다.)

위와 같은 몇 가지 규칙들을 가지고 나무 십자가들을 만들기 시작했다. 처음 1년은 한 주일에 1-2개 정도의 나무 십자가만을 만들었다. 사실 십자가를 만들면서 기간을 한시적으로 정해 1년 동안만 십자가 만들기를 통해서 깊은 묵상을 하고자 했다. 그 이유는 매번 혼자 교회 뒤편에 앉아서 십자가를 만드는 것이 스스로에게 초라해 보였던 것 같다. 그 초라함도 훈련의 연속이었던 것을 몇 년 뒤에야 알게 되었다.

처음 1년은 나무 십자가 묵상으로 훈련하는 시간이었다. 한 주일에 1-2개의 깊이 있는 말씀들을 갖고 묵상하고 연구한다는 것은 정말이지 대단한 영적 자산을 저축하는 것과 같은 결과를 가져왔기 때문이다. 1년 동안 약 100개의 십자가를 만들게 되었다. 남들은 100명을 전도했다고 말씀하시는데 저는 나무 십자가를 100개를 만들었으니 자랑은커녕 어디 가서 말하기도 부끄러운 것이었다.

십자가 은혜를 나누라.

100개를 끝으로 나무 십자가를 통한 은혜의 체험을 마치려고 마음먹었다. 그만 두려는 이유는 간단했다. 나무 십자가 만들기가 생각보다 그렇게 쉬운 것이 아니었다. 100개를 만들다 보니, 소소한 일들이 생겨났다. 일단 십자가 만들기가 어렵다 것과, 또한 성도들의 눈치가 보이기 시작했다. '우리 목사님은 매일 십자가만 만든다.' 교회 꼬마 녀석들도 길거리에서 부러진 나무 가지를 보면 그 나무를 주어서 내게 가져다주었다. 녀석들이 나무들을 가져다 줄 때면 우습기도 하고 어이없기도 했다.

100개의 나무 십자가를 만들면서 깊은 은혜들을 체험하고 나누게 되었다. 물론 거저 받았으니 거저 주라는 말씀을 실천하는 의미에서 온 힘을 다해 만든 나무 십자자들을 성도들이나 방문자들에게 값없이 나누어 주었다. 나무 십자가를 받아가는 분들은 하나같이 기쁘고 즐거워했다.

만들어진 십자가들을 거의 다 나누어 주고, 남겨진 것이 12개 정도였다. 사람들에게 십자가를 나누어 줄 때 골라서(선택해서) 가져가게 하였더니 부담스러운 십자가들은 남겨지게 되었다. 남겨진 십자가의 이름들은 '순종의 십자가', '헌신의 십자가', '충성의 십자가', '인내의 십자가', '자비의 십자가', '제자의 십자가', '보혈의 십자가', '불의 십자가', '영광의 십자가' 들이었다. 십자가를 나누면서 현대의 성도들은 헌신하는 것, 충성하는 것, 인내하는 것, 자비를 베푸는 것, 순종하는 것, 불이 되는 것, 제자 되는 것, 하나님의 영광을 위해 사는 것에 대한 막연한 두려움과 부담감을 갖고 있다는 것을 알게 되었다. 십자가에도 인기가 있는 것이 있고 인기가 없는 것이 있다는 것을 그때 알게 되었다. 아마도 하나님은 남겨진 나무 십자가의 주인을 지금도 기다리고 계신 것 같다.

100개만 만들고 중단하려고 했던 것이 8,500개 이상을 만들고 나누었다. 십자가의 은혜를 나누는 것이 100개를 훨씬 넘어선 것이다. 처음부터 나누려 했던 것은 아니었지만 만들다 보니 은혜가 되었고, 은혜가 되니 나누게 되었다. 혼자 만들던 십자가에서 온 성도들이 십자가를 만들면서 자기 부인과 자기 십자가를 깨닫게 되었다. 성도들과 가까운 분들에게만 주던 것이 이제는 해외 선교지에 전해지는 십자가가 되었다. 위대한 소망이 생겨났다. 그것은 나무 십자가의 은혜를 더 많은 이들에게 나누는 것이다.

십자가 세미나를 열다.

나무 십자가를 만들고, 묵상하는 법을 체계화 시키게 되었다. 소위 〈십자가 세미나〉를 하게 되었다. 아무 힘도 없는 물이 한 방울 한 방울 바위에 떨어져 흔적을 내고 그 흔적들이 깊어질 때 힘없는 물이 바위를 가른다는 말이 있다. 이처럼 나무 십자가를 만들며 은혜를 체험하는 순간순간들이 모여 〈십자가 세미나〉를 만들어 내었다.

세미나를 만들겠다고 계획하여 만들어낸 것이 아니다. 십자가의 은혜를 나누고 싶은 분(목회자)들 몇몇이 자기 십자가를 한번 만들어 보겠다고 모였다. 십자가 만들기를 그냥 하는 것보다는 교재를 만들어 세미나 형식으로 하면 더 은혜가 될 것 같아서 교재를 만들고 세미나 형식을 취하게 되었던 것이다. 첫 번째 십자가 세미나는 예상했던 대로 은혜가 넘치는 시간이었다. 강력한 은혜들을 경험하는 시간이었다. 소그룹 십자가 세미나의 최적 인원은 5-12명 사이가 가장 효과적이다.

세미나는 보통 2시간 내외로 이루어지는데 그 과정에서 깊은 은혜들을 경험 할 수 있다.

150명 정도 되는 곳에서는 십자가 영성에 대한 설교와 간증을 하기도 했다. 세미나를 통해서 성령의 역사들이 나타났다. 치유와 회복의 은혜들이 사람들을 격려하고 용기를 주고 담대함을 얻게 하는 시간들이었다. 세미나를 진행하면서 하나님 살아계심을 생생하게 체험하게 되었다.

세미나를 하기 시작하면서 사람들은 저에게 '십자가 목사'라는 별명을 붙여 주었다. 들을 때마다 내 자신이 주님 앞에 부끄러워 어찌할 바를 몰라 하니, 사람들은 그것이 더 재미있어 '십자가 목사'라고 부르고 있다. 십자가 세미나를 인도하면서 얻은 가장 큰 은혜는 바로 십자가의 능력에 대해 알게 되었다는 것이다. 바울은 고린도전서 1장 18에서 이렇게 고백하고 있다.

"십자가의 도가 멸망하는 자들에게는 미련한 것이요 구원을 받는 우리에게는 하나님의 능력이라."

나무 십자가를 만들고 그것을 묵상하고 받은 은혜를 나누면서 바울 사도의 고백 "십자가는 하나님의 능력이다."라는 것이 어떤 의미인지를 확신하고 체험하게 되었다. 십자가 하나님의 능력임을 확신하게 되고 체험한 이후 목회 현장과 세미나에서 말씀의 실제적인 능력들이 나타나는 것을 목격하게 되었다. 은사 사역에 대해 무지하였던 나에게 하나님은 수많은 목회자들을 만나는 기회를 주셨고, 여러 만남들을 통해서 말씀과 은사의 영역들을 좀 더 구체적으로 조명하며 이해하게 되었다. 은사 사역과 말씀 사역, 그리고 기존의 목양의 연관성에 대해 깊이 있는 이해들이 우리 시대 성도들과 목회자들에게 필요함을 절실히 느꼈다. 십자가 세미나를 인도하면서 로마서 8장 28절의 말씀을 더 깊이 묵상하게 되었다.

"우리가 알거니와 하나님을 사랑하는 자 곧 그 뜻대로 부르심을 입은 자들에게는 모든 것이 합력하여 선을 이루느니라."

십자가는 합력이다. 두 개의 나무가 서로 연결하여 하나가 되는 것이다. 십자가 세미나를 하면서 합력의 필요성을 매번 깨닫는다. 우리는 우리의 가정에서 합력이 필요하다. 그리스도의 몸인 교회에서 합력이 필요하다. 우리의 지역과 사회에서 합력이 필요하다. 소명 받은 목회자와 부름 받은 성도의 합력이 필요하다. 앞서 가는 목회자와 뒤따라가는 목회자의 합력이 필요하다. 각 교단과 각 교단 구성원들의 합력이 필요하다. 합력이 요구되는 시대에 우리가 살고 있다. 합력하여 선을 이루는 것이 우리에게 있어야 할 것이다.

십자가의 은혜로 사는 삶.

"사람은 무엇으로 사는가?"라는 질문에 나는 "십자가의 은혜로 산다!"라고 답하고 싶다. 십자가를 만들면서 십자가의 크신 은혜를 경험하였기에 이런 답을 스스로에게 내릴 수 있었다. 그 은혜를 어떻게 다 표현할 수 있을까? 말로 다 할 수 없는 은혜, 눈물로 다 갚을 수 없는 은혜, 몸으로 다 행할 수 없는 은혜, 이것이 바로 예수 그리스도의 십자가의 은혜였다.

십자가의 은혜가 너무나 위대하고 크기에 우리는 그 은혜를 보지 못하고, 듣지 못하고, 말하지 못할 뿐이다. 하지만 하나님의 위대한 십자가의 은혜는 우리에게 이미 허락되었고 주어져 있다. 만약 누군가 십자가의 은혜를 갈망한다면 하나님은 갈망하는 자에게 당신의 은혜를 허락 하실 것이다. 부르짖는 자에게는 분명한 응답이 있다.

예레미야 33장 2-3절의 말씀이 우리 모두에게 들려지길 원한다.

"일을 행하시는 여호와, 그것을 만들며 성취하시는 여호와, 그의 이름을 여호와라 하는 이가 이와 같이 이르시도다. 너는 내게 부르짖으라. 내가 네게 응답하겠고 네가 알지 못하는 크고 은밀한 일을 네게 보이리라."

하나님의 은혜를 갈망하며 살아가는 것은 십자가로 살아가는 것이다. 예수님은 우리가 어떻게 그분을 따라야 하는지를 말씀하셨다.

"이에 예수께서 제자들에게 이르시되 아무든지 나를 따라 오려거든 자기를 부인하고 자기 십자가를 지고 나를 좇을 것이니라."(마태복음 16장 24절)

우리가 예수님을 따르기 위해서 반드시 자기 부인과 자기 십자가를 알아야 한다. 내 힘으로 할 수 없지만 주님의 십자가를 바로 보면 가능 하다. 십자가를 바라보면, 십자가를 알게 되고, 십자가를 알게 되면, 나를 알게 된다. 나를 알면, 내 십자가를 질 수 있다. 이번 글을 통해 전부 못 나누는 아쉬움이 있다. 하지만 누군가 이 글을 읽고 십자가 앞에 나갈 수 있는 마음이 일어난다면, 그것은 주님의 기쁨이 될 것이다. 십자가 묵상을 한지도 6년이 지났다. 상상도 못할 은혜를 경험하였다. 매일 새롭게 주시는 십자가의 은혜를 사모하게 되었다.

"심령이 가난한 자는 복이 있나니 천국이 그들의 것임이요"(마5:3)

가난함이 있기에 갈망이 있었다. 갈망은 깊은 은혜로 우리를 이끌고 있다. 천국을 소유한 삶에 대한 소망이 우리 안에 생겨나길 원한다. 사람은 변하지 않는다고 했는데 십자가의 능력은 변화를 가능하게 하였다. 가정이 천국으로, 교회가 사랑으로, 관계가 평화롭게 변화되었다.

십자가 묵상과 세미나를 통해서 더 많은 사람들이 예수 그리스도의 은혜를 체험하고 나누는 삶을 살기를 기대하고 있다. 예수님께서 가나의 혼인잔치에서 물을 변화시켜 포도주가 되게 하셨듯이, 주님의 십자가를 통해 우리 삶이 십자가의 능력으로 세워지고 채워지길 기대한다. 변화와 은혜를 직접적으로 체험하고 싶다면, 지금 자신의 십자가를 만들어 보시길 추천한다. 십자가를 만드는 시간은 주님과 당신과의 단 둘만의 소중한 시간이 될 것이다.

십자가는 당신에게 하나님의 능력이 된다.

에필로그

우리가 교회다 걸어온 이야기

2016년 4월부터 우리가 교회다 모임이 시작되었다. 수많은 개척교회들의 현실적인 문제 속에서 다양한 방향성을 가지고 건강한 목회가 진행중인 교회들을 선정하여 목회자들의 사역 이야기를 책에 담았으면 좋겠다는 취지로 준비했다. 함께 참여한 목회자들과 여러 가지 방향성을 계획하고 이야기를 나누면서 누구도 주목하지 않는 개척교회들의 이야기들이 한데 모여 목회 노하우 배울 수 있는 책이 나오면 좋겠다고 생각했다. 그리고 그 생각은 멈추지 않고 실제적인 준비 작업으로 차차 진행되었다.

책이 준비되면서 그동안 각개전투로 각자의 필드에서 목회하고 있던 목회자들이 서로의 다양한 목회를 바라보며 연합 사역에 대해서 관심을 갖게 되었고 이후 감신대 북콘서트와 PED KOREA등 다양한 곳에서 강의와 방송을 하게 되었다. 그렇게 2016년을 마무리 하고 2017년 1월이 되어서 우리는 시즌 2에 함께 할 목회자들을 추천 받았다. 이미 시즌 1을 진행했던 노하우가 있었기 때문에 빠른 속도로 준비작업이 진행되었다.

이번에도 참 다양한 목회자들의 사역이 소개 되었다. 책을 준비하며 이 시대에 목회의 방향성은 참으로 다양하다는 것을 다시 한번 느끼는 시간이었다. 교회 안에만 머물러 있기 보다는 새로운 방향성을 모색하는 것이 필요하다. 부르심 가운데 교회를 개척할 때 기본적인 가이드북이 된다면 좋겠다. 혼자 아무런 도움 없이 어렵게 개척하기 보다는 최소한 다른 목회자들은 어떻게 개척했고 운영하고 있는지 검토하고 시작하기를 바란다.

우리가 교회다 걸어갈 이야기

우리가 교회다 모임은 함께 개척교회 노하우를 책에 담고 다양한 방법을 공유하기를 원한다. 잠깐 등장했다가 사라지는 교회들이 아니라 어느정도 견디고 지속가능한 형태의 교회들을 소개하려고 한다. 이제 시즌 3를 준비하여 5-6월에 책이 출간되고 활동을 시작할 것이다. 신학생들과 개척을 준비하는 목회자들에게 큰 도움이 되기를 바란다. 전통 교회나 대형 교회의 이야기도 중요하고 사역을 소개하는 책들도 많지만 개척 초기에 정말 필요한 책은 규모가 크지 않은 개척 초기 교회들의 이야기이다.

우리가 교회다 시즌별 책은 앞으로도 계속해서 지속적으로 출간될 예정이다. 더 많은 개척교회와 목회자들이 세상으로 소개되기를 바란다. 그래서 개척교회의 현실에 대해서 공론화 하고 함께 좋은 대안을 찾으며 연합하여 사역해 나가기를 소망한다. 함께 모임을 만들고 여러 부분에서 도와주시는 장성배 교수님에게 감사를 전한다. 그리고 책에 소개된 많은 목사님들에게 존경과 응원의 메시지를 보낸다. 하나님께서 외로운 개척의 시기에 우리와 함께 하시어 기적의 길을 열어주시기를 기도한다. 앞으로 이 모임을 통해서 놀라운 일들이 일어나기를 바란다.

최력기 목사(새로운 교회)